Thilo Baum / Stefan Frädrich
Günter lernt flirten

Thilo Baum · Stefan Frädrich

Günter, der innere Schweinehund, lernt flirten

Ein tierisches Turtelbuch

Illustriert von Timo Wuerz

GABAL

Bibliografische Information der Deutschen Nationalbibliothek

Die Deutsche Nationalbibliothek verzeichnet diese Publikation in der Deutschen Nationalbibliografie; detaillierte bibliografische Informationen sind im Internet über http://dnb.d-nb.de abrufbar.

ISBN: 978-3-89749-665-1

3. Auflage 2011

Lektorat: Christiane Martin, Köln
Umschlaggestaltung: +malsy Kommunikation und Gestaltung, Willich
Illustrationen: Timo Wuerz, Hamburg
Satz und Layout: Das Herstellungsbüro, Hamburg, www.buch-herstellungsbuero.de
Druck und Bindung: Salzland Druck, Staßfurt

Der schlaue Spruch, bevor es losgeht:

»Die Liebe besteht zu drei Vierteln aus Neugier.«

Giacomo Girolamo Casanova,
1725–1798

Für Anja, Annette, Antje, Beate, Charlie, Chrissie, Elke, Franzi, Fritzi, Gabi, Ina, Iris, Jasmin, Jennifer, Jessi, Kathrin 1, Kathrin 2, Linda, Manja, Manu 1, Manu 2, Natalia, Nathalie, Nicola, Nicole, Nina, Sabine 1, Sabine 2, Sabine 3, Steffi, Sue, Susi, Tine, Undine und Wiebke*:
Keine von euch war eine unter vielen.

* alle Namen geändert

Günter ist dein innerer Ratgeber.
Seine Tipps sind gut gemeint –
aber nicht immer richtig.

1. Günter, der innere Schweinehund

Das ist Günter. Günter ist dein innerer Schweinehund. Er lebt in deinem Kopf und bewahrt dich vor allem Übel dieser Welt. Wenn du etwas Neues ausprobieren willst oder dich mal anstrengen musst, ist Günter zur Stelle: »Lass es sein!«, sagt er dann. »Mach das doch morgen!« oder »Du traust dich sowieso nicht!«, rät er dir. Innere Schweinehunde sind nämlich furchtbar faul. Und weil Günter denkt, dass du auch so schweinehundefaul bist wie er, will er dich mit seinen Ratschlägen vor unnötiger Mühe schützen. Ist das nicht nett von ihm?

Günter gibt dir also ständig Tipps. Nur leider manchmal die falschen: »Das hast du noch nie gemacht, also machst du es auch jetzt nicht«, »Schau lieber fern, das ist so gemütlich« oder »Salat statt Pizza? Ich bin doch kein Hase!«. Du siehst schon: Günter ist ein Gewohnheitstier. Was ihm neu erscheint, hält er für anstrengend. Die Folge: Du kommst nicht in Schwung, obwohl es manchmal wichtig wäre. Und dir gehen viele schöne neue Erfahrungen durch die Lappen ... Schade!

Günter kann dich
mit seinen Tipps
sogar vom Glück
abhalten.

2. Gestatten? Günter, Problemsucher!

»Geh nicht unter Leute, das gibt Stress«, »Fremde Menschen anquatschen? Kannst du doch nicht machen!« oder »Was sollen denn die anderen denken?«, klingt so der Funkverkehr in deinem Kopf? Dann heißt es: Schweinehundeohren gespitzt! Kann es sein, dass du oft alleine bist? Kann es sein, dass du ziemlich schüchtern bist? Kann es sein, dass du – tief in dir drinnen – sogar einsam bist? Dann hält dich womöglich dein innerer Schweinehund von deinem Glück ab ... »Quatsch!«, protestiert Günter. »Ich bewahre dich nur vor unnötigen Enttäuschungen. Schließlich muss man im Leben vorsichtig sein!«. Kann es sein, dass Günter manchmal übervorsichtig ist?

Stell dir vor, jemand gefällt dir, und du sprichst ihn oder sie an. Wie wäre das? »Geht nicht, viel zu simpel!«, protestiert Günter sofort. »Das Leben ist zu kompliziert für einfache Lösungen!« Tja, manchmal scheint dein innerer Berater ein Teil des Problems zu werden ... Dabei kannst du selbst entscheiden, was für dich richtig ist – notfalls auch gegen deinen inneren Schweinehund! Obwohl es besser wäre, mit Günter im Einklang zu handeln.

Günter hat als Ferkelwelpe gelernt,
dass nicht alles einfach so geht,
wie er es will.

3. Günter, der Jüngere

Woher hat Günter eigentlich seine ganzen schlauen Ratschläge? Meist von früher! Aus den Zeiten, als Günter noch ein Ferkelwelpe war. Damals war Günter sehr neugierig auf die Welt und auf andere Schweinehunde. Also haben ihn deine Eltern, Großeltern, Tanten und Onkel, deine älteren Geschwister und Lehrer, Freunde und Kollegen mit ihren Ansichten gefüttert. »Pass bloß auf, dass du immer alles richtig machst!«, haben sie ihm geraten – und ihm dann erklärt, was sie selbst für richtig hielten. »Hör zu, wenn Erwachsene sprechen!«, »Tu, was ich von dir will!« oder »Mit fremden Kindern spielt man nicht!«. Und Günter hat sich alles brav gemerkt und dich bald gewarnt, wenn du gegen eine Regel verstoßen wolltest: »Tu das nicht, sonst gibt's was auf die Pfoten!«

Im Laufe der Zeit ist Günter Neuem gegenüber immer vorsichtiger geworden – schließlich wusste er jetzt, was gut für dich war. Und du hast dich an seine automatischen Ratschläge gewöhnt, obwohl sie meist von anderen Leuten stammten, die häufig gar nicht wissen konnten, was wirklich gut für dich ist. Aber Anpassung war ein erfolgreicher Schutz vor Ärger – und so schön einfach … Also wurde Günter zurückhaltend, schüchtern und ängstlich. Und leider auch ein bisschen kompliziert.

Als Ferkelwelpe hat Günter andere Ferkelwelpen
meistens noch recht einfach kennengelernt.
Ein bisschen beschnuppern, und man gehörte dazu.

4. Willst du mit mir spielen?

Aber draußen, wo das Leben tobte, musstest du selbstbewusst sein. Kein Problem, wenn du mit deinen Freunden gespielt hast – schließlich kannte sich Günter hier aus. Doch was passierte, wenn du in eine Gruppe mit lauter unbekannten Ferkelwelpen gekommen bist? Etwa in einen neuen Sportclub oder gar nach einem Umzug in eine neue Straße? Da musste Günter schon seinen ganzen Mut zusammennehmen, um zu fragen: »Darf ich mit euch spielen?«. Und nach ein bisschen misstrauischem Geschnupper und gegenseitiger Gewöhnung war alles klar: Günter hatte neue Freunde gefunden. Was für ein Glück!

Auch wenn jemand »Neues« in die Klasse gekommen ist, war es ähnlich. »Zuerst war das ein bisschen komisch«, erinnert sich Günter. »Aber mit der Zeit wurde es immer normaler.« Alle wollten erst wissen: Ist der Neue nett? Macht er was falsch? Wie riecht er? Und nach einer Weile war der oder die Neue nicht nur in Ordnung, sondern »unser Mann im Tor« oder »die tolle Tänzerin«. So ist das: Man lernt sich Stück für Stück kennen. Von jetzt auf gleich geht fast nie was. Stimmt's, Günter?

Wenn Schweinehunde
verknallt sind, verhalten
sie sich plötzlich nicht
nur anders, sondern
ganz anders.

5. Günter ist verknallt

Mit der Zeit wurde aus dem Ferkelwelpen ein Jungschweinehund. Und Günter erkannte, dass man mit anderen Schweinehunden nicht nur spielen kann. So hörte er, dass die Bienen von Blüte zu Blüte fliegen und es auch andere Dinge gibt, vor allem zwischen Eberrüden und Sauhündinnen ... Carsten kam plötzlich nicht mehr mit zum Spielen, sondern war lieber mit Carmen allein – noch mal die Rollen für die Theater-AG lesen ... Und Michaela sagte das Teekränzchen ab, weil sie sich von Manuel so lange bei den Mathe-Hausaufgaben helfen ließ. Viel länger, als eigentlich nötig ...

Zuerst war Günter ziemlich verwundert. »Was machen die da?« Bis er eines Tages selber den Zauber spürte, der einen vergessen lässt, dass die Erde sich dreht und Mond und Sonne scheinen: Günter war zum ersten Mal verknallt! Irgendetwas Magisches schien nun vom anderen Geschlecht auszugehen. Und das hatte Folgen: Von nun an waren Sauhündinnen nicht mehr nur »doofe Hühner« und Eberrüden »laute Angeber«. Und manch kumpelhafte Freundschaft zwischen Eberrüde und Sauhündin wich der Faszination einer neuen spannenden Fremdheit. Was war nur dieses Andere, das sie ineinander sahen? Und warum wurde es immer schwerer, zu fragen: »Darf ich mit dir spielen?« Bald schon traute sich Günter das nicht mehr.

Verknallt sein ist aufregend.
Und einfach so zu fragen
»Willst du mit mir gehen?«
erfordert Mut.

6. Willst du mit mir gehen?

Die Frage aller Fragen hieß plötzlich nicht mehr: »Willst du mit mir spielen?«, sondern: »Willst du mit mir gehen?« Und gemeint war damit: »Willst du mit mir das spielen, womit verknallte Sauhündinnen und Eberrüden den allermeisten Spaß haben?« Und weil das für die Schweinehundebande neu war, haben alle viel getuschelt: »Hans und Iris haben was miteinander!« Obwohl alle selber gerne was miteinander gehabt hätten ... Typisch Schweinehunde: lieber kompliziert als geradeaus!

Doch: Je älter Schweinehunde werden, desto versteckter wird die Botschaft »Willst du mit mir gehen?« Hinter was für Sätzen diese einfache Frage doch lauern kann: »Wollen wir was essen?«, »Wollen wir noch woanders hingehen?«, »Haben Sie heute noch was vor?« Leider wird es auch für Günter immer komplizierter – obwohl er sich wie alle danach sehnt, nicht einsam zu sein, sondern mitzuspielen. Doch wie soll die süße Bedienung nur ahnen, dass der Satz »Noch einen Kaffee bitte« mehr bedeuten soll als »Noch einen Kaffee bitte«?

Flirten ist ein Code. Je geschickter du den Satz »Willst du mit mir gehen?« verschlüsselst, desto besser. Denn nicht der Klartext ist spannend, sondern das Entschlüsseln!

7. Flirten – ein Spiel für den erwachsenen Günter

Günter wundert sich: »Wenn keiner einsam sein will, warum geht man dann nicht einfach aufeinander zu und erklärt, was man will?« Ganz einfach: Weil Schweinehunde sich zwar nach Nähe sehnen, aber auch nicht wollen, dass man ihnen zu sehr auf die Pelle rückt! Der Satz »Ich will mit dir gehen« ist zwar ehrlich und lieb, aber vielen Schweinehunden zu direkt. »Ist das nicht ein Widerspruch?«, wundert sich Günter. Aber nein. Stell dir vor, du bekommst ein Geschenk: Reißt du dann wie ein Irrer die Verpackung weg? Natürlich nicht, denn schon das Auspacken ist ein Genuss. Und an jemandem interessiert oder gar verliebt zu sein ist das schönste Geschenk der Welt. Dieses wunderbare Geschenk auszupacken heißt flirten. Das darfst du schön langsam und genüsslich tun – natürlich ohne vor Schüchternheit zu erstarren. Dabei die Balance zu finden, das ist das Spiel!

Flirten ist auch wie die Geheimsprache in einem Detektivspiel. »Willst du mit mir gehen?« ist der Klartext. Da ist kein Geheimnis mehr zu lüften – wie langweilig! Und dein Gegenüber fühlt sich gleich klargemacht und eingetütet. Spannender ist es, wenn du den Satz kodierst: »Wer sich in dich verliebt, um den ist es geschehen!« Die Botschaft neben der Botschaft sorgt für Kribbeln. Und, ganz wichtig: Nicht wer den besten Klartext hat, gewinnt, sondern wer am besten kribbeln kann.

Betrachte die Annäherung als geordnete Abfolge verschiedener Ereignisse. Nur wenn du dich an die Reihenfolge hältst, kommst du zum Ziel. Verstöße wirken irritierend.

8. Etappen des Kennenlernens

»Das ist aber mühsam«, sagt Günter. Ganz ruhig, Schweinehund. Wenn du die Kunst beherrschst, kommst du bestimmt zum Ziel. Kein Grund zur Eile! Du solltest dich sogar an eine bestimmte Reihenfolge halten. Sonst geht es schief.

»Wie, Reihenfolge?«, fragt Günter. Na, überleg mal: Wie erfolgreich bist du, wenn dein Traumschweinehund merkt, dass du ihn gleich in die Kiste zerren willst? »Manchmal klappt so was ...«, sagt Günter. Ja, manchmal! Ausnahmen gibt es immer. Wenn jemand den Sturz aus der vierten Etage überlebt, springst du dann hinterher? Natürlich nicht: Wer sich an Ausnahmen orientiert, rennt dem Falschen hinterher. In der Regel verläuft ein Flirt in bestimmten Stufen.

»Und wie viele Stufen gibt es?«, fragt Günter. Fünf! Bei jeder geht es darum, Interesse an der jeweils nächsten Stufe zu zeigen. Sobald du Stufen überspringen willst, wirkst du zu direkt und verringerst deine Chancen. Denn dass du ausgerechnet an einen Schweinehund gerätst, der den gleichen Konventionsbruch begehen will wie du, ist ziemlich unwahrscheinlich.

Beachte die fünf Phasen der Nähe. Ihre Reihenfolge führt zum Erfolg. Wenn du dich daran hältst, zeigst du Gelassenheit und machst dich umso attraktiver.

9. Die fünf Phasen der Nähe

Phase 1 der gesellschaftlichen Nähe: Zwei Fremde begegnen sich. Ziel: Interesse an persönlicher Nähe signalisieren, Wiederverabredung ist daher unverfänglich. Alle Andeutungen auf die Phasen 3, 4 und 5 irritieren! Darum noch keine Berührungen – außer förmlichen Berührungen wie Händeschütteln, wenn es der Anlass gebietet.

Phase 2 der persönlichen Nähe: Ihr kommt ins Gespräch und erfahrt, wer der andere ist. Ziel: Interesse an Vertraulichkeit signalisieren. Andeutungen auf die Phasen 4 und 5 irritieren! Wenn Berührungen, dann nur förmliche, je nach Anlass.

Phase 3 der vertraulichen Nähe: Ihr seid euch nah wie Freunde. Ziel: Interesse an einer Vertiefung signalisieren, also Interesse an zärtlicher Nähe. Andeutungen auf Phase 5 irritieren! Berührungen sind freundschaftlich und unerotisch.

Phase 4 der zärtlichen Nähe: Küssen, umarmen, streicheln – aber noch nichts Sexuelles. Erst jetzt ist das Ziel: Interesse an intimer Nähe signalisieren.

Phase 5 der intimen Nähe: Ihr seid intim – schöööööööön!

Erst schauen, dann lächeln, dann sprechen. Halte dich an diese Reihenfolge. Wenn du dabei je länger als drei Sekunden wartest, wirkst du verklemmt.

10. Erst schauen, dann lächeln, dann sprechen

Günter staunt: »Ist das nicht ein bisschen technisch?« Kann sein, Schweinehund. Viele Dinge erscheinen technisch, wenn man sie systematisch betrachtet. Doch Schweinehunde lernen sich fast immer nach den fünf Phasen der Nähe kennen! Und wenn du weißt, was in welcher Phase passiert, gewinnst du.

Besonders spannend ist der Anfang und der Übergang von Phase 1 zu Phase 2: Wie spricht man jemanden an? Hier gilt ein ganz eigenes Gesetz: Erst schauen, dann lächeln, dann sprechen! Und das möglichst innerhalb von Sekunden. Erwidert jemand deinen Blick? Wenn nein: Erst mal aussteigen! Wenn ja: Gut! Lächle ihn an – möglichst sofort. Lächelt er zurück? Wenn nein: Aussteigen! Wenn ja: Gut! Sprich ihn an – wenn ihr euch gegenüber steht und die Situation es erlaubt, innerhalb von drei Sekunden. Lächelt ihr euch über einige Entfernung an, sprich ihn später an.

Was du dir hinter die Schweinehundeohren schreiben solltest: Erwidert jemand deinen Blick nicht, verweigert er dir die Erlaubnis zum Lächeln. Erwidert jemand dein Lächeln nicht, verweigert er dir die Erlaubnis, ihn anzusprechen. Verstößt du gegen diese Verbote, wirst du wahrscheinlich bestraft – mit einer Abfuhr.

Vorsicht, Günter, nicht so stürmisch: Aus unerotischen Berührungen werden zärtliche, aus zärtlichen Berührungen werden erotische. Erst dann zaghafte Küsse.

11. Wann endlich küssen?

»Und wann darf ich knutschen?«, fragt Günter aufgeregt. Auf keinen Fall in den Phasen 1 bis 3, sondern erst ab der vierten!

In Phase 3 sind leichte unerotische Berührungen gut. Ein leichtes Tippen an die Schulter, die Entfernung eines Fussels an einer unbedenklichen Stelle. Wenn du dabei Feingefühl beweist, ohne zärtlich zu sein, erzeugst du gespannte Erwartung und Lust auf mehr. Bei Erwiderung oder positiver Reaktion kommt Phase 4.

In Phase 4 gehst du von unerotischen auf zärtliche Berührungen über. Denk dran, dass diese Phase Stunden dauern kann! Am besten genießt ihr jeden noch so kleinen Schritt. Um keine Irritationen zu erzeugen, sollten sich deine Hände erst auf Rücken und Schulter konzentrieren, und als Zeichen der Zusammengehörigkeit auf die Hände. Erst dann kommen Gesicht und Hals – sie sind schon ziemlich intim. Dann kümmert sich dein Mund mit zaghaften Küssen ums Gesicht und den Mund, und erst dann spielen Zunge und üblicherweise bedeckte Körperteile eine Rolle.

Aber Geduld: So weit sind wir noch lange nicht!

Flirten ist wie
ein Spiel, das zu
einem Ziel führt.
Halte dich an die
Reihenfolge und
gib keinen Anlass
für ein »Nein«.
Dann bekommst
du, was du willst.

12. Schweinehund, ärgere dich nicht!

»Hm«, brummt Günter. »Man kann also nicht gleich loslegen und alles auf einmal machen?« Doch, Günter. Das geht schon. Aber nur, wenn beide Schweinehunde das wollen und wenn sie das gleiche Tempo haben. Doch du wirst feststellen, dass die Reihenfolge auch bei eindeutigen Angeboten gilt. Erst zeigt man sich, dass man sich mag, und dann geht vielleicht mehr. Das ist auf den wildesten Partys so!

Stell dir das Ganze einfach als Spiel vor. So wie »Mensch, ärgere dich nicht«. Ein Schritt kommt nach dem anderen, und das dauert seine Zeit. Bei jedem Schritt rückst du dem anderen Schweinehund ein bisschen näher. Jedes Mal gibt es zwei Möglichkeiten: Entweder der andere Schweinehund lässt es zu – dann gehst du nach einer Weile weiter zum nächsten Schritt. Oder der andere Schweinehund lehnt es ab und sagt »Nein« – dann fliegst du raus und darfst von vorne anfangen.

Und jetzt überleg mal: Wenn du zum Ziel kommen willst, musst du nur eins nach dem anderen tun und vermeiden, dass du rausfliegst. Was bedeutet das? »Das bedeutet, dass ich ans Ziel komme! Ich muss mich nur an die Regeln halten und dem anderen keinen Anlass bieten, mich rauszuwerfen.« Bingo!

Um nicht rauszufliegen, solltest du die Spielregeln und Codes verschiedener Kulturen respektieren.

13. Küssen oder nicht küssen?

In welcher Reihenfolge was im Einzelnen kommt, hängt übrigens auch davon ab, wo du lebst. Bei vielen Franzosen zum Beispiel kommt das Küssen auf den Mund schon relativ früh, bei uns gilt es eher als intim. Jetzt stell dir mal vor, ein französischer und ein deutscher Schweinehund flirten miteinander: Wenn der französische Schweinehund den deutschen küsst, findet er das ganz normal – aber der Deutsche fühlt sich vom Franzosen vielleicht überrumpelt, weil der sich nicht an die gewohnte Reihenfolge hält. Jetzt kann der Deutsche den Franzosen rauswerfen, und der Franzose versteht das Spiel nicht mehr. Oder der Deutsche lässt sich darauf ein und macht da weiter, wo in seinem Code das Küssen steht, und reißt dem Franzosen die Kleider vom Leib. Dann fühlt sich der Franzose überrumpelt, weil der Deutsche sich nicht an die vom Franzosen gewohnte Reihenfolge hält – denn Phase 5 beginnt in Frankreich erst viel später.

Wie kommen die beiden dann zusammen? Mit Toleranz und Nachsicht. Überall auf der Welt gelten Spielregeln, und immer ist die jeweilige Reihenfolge verbindlich. Du solltest diese Codes kennen und respektieren.

Übrigens: Je geübter du bist, desto mehr liegst du mit deinem Gefühl richtig. Wenn du in Phase 3 oder 4 das Gefühl hast, dass ihr euch jetzt vielleicht küssen solltet, dann hat das Gefühl wahrscheinlich recht. Also küssen!

Ob du weitergehen kannst, musst du selbst erspüren. Die meisten Neins sind still. Bevor ein lautes Nein kommt, musst du vorher schon für einige Irritationen gesorgt haben.

14. Nein?

»Und wie bekomme ich das hin, dass ich nicht rausfliege?«, fragt Günter. Mit ein wenig Pfotenspitzengefühl: Wenn dein Gegenüber ein »Nein!« signalisiert, schaltest du einen Gang zurück und bleibst erst mal in der jetzigen Phase stehen. Würdest du das Nein aber »übersehen«, wäre der andere Schweinehund schnell weg ... »Okay, wenn jemand Nein sagt, halte ich mich zurück.« Ganz so einfach ist es leider nicht, Günter: Ein Nein muss nämlich nicht erst ausgesprochen sein. Im Gegenteil: Wenn der andere ein Nein ausspricht, hast du vorher einige stille Neins nicht wahrgenommen. Und die meisten Neins sind still.

Stell dir vor, du wanderst einen steilen Berg hinauf. Damit du nicht mit dem Geröll ins Tal hinunterstürzt, schaust du ganz genau, wo du hintrittst. Ein Fehltritt – und du kannst von vorne anfangen! Bei so einer Bergtour sagen die Steine auch nicht: »Vorsicht, ich sitze locker!« Sondern du musst es selbst ertasten. Du setzt deinen Fuß auf den Stein und erfühlst, ob er trägt. Erst wenn du sicher bist, gehst du den nächsten Schritt. Darum merk dir: Steine sind still. Neins meist auch.

Lerne Neins zu erkennen. Das schützt dich vor Misserfolgen. Überleg, an welchen Signalen du bisher öfter gescheitert bist. Findest du da ein Muster?

15. Hallo, ich bin ein Nein!

Wenn du bei deiner Bergtour genau hinschaust, zeigen dir die Steine oft schon bevor du drauftrittst, ob sie locker sitzen. Und auch wenn die meisten Neins still sind, kannst du sie erkennen: Und zwar an der Körpersprache.

Der andere schaut dich nicht an? Ein Nein! Er lächelt nicht? Ein Nein! Er ist irgendwie verkrampft und starr? Ein Nein! Die Hand des anderen Schweinehundes erwidert deine leichte Berührung nicht? Ein Nein! Seine Beine sind übereinandergeschlagen und zeigen von dir weg? Ein Nein! Der andere weist dir seine Schulter oder seinen Rücken zu? Ein Nein! Er will weg? Ein Nein!

Wer Neins nicht erkennt oder ignoriert, wird immer wieder mit dem Geröll ins Tal hinabstürzen. Und dann natürlich glauben, es sei unmöglich, auf den Berg zu gelangen. Aber: Rutschst du immer wieder auf den gleichen Steinen aus? Dann liegt das irgendwann nicht mehr an den Steinen, sondern an dir. Nur wer Neins erkennt, kann richtig reagieren und ein Nein in ein Ja verwandeln.

Bekommst du immer wieder Abfuhren in den gleichen Phasen der Nähe? Dann solltest du dein Verhalten in diesen Phasen vielleicht korrigieren.

16. Nein, nein, nein!

Franziska sieht den süßen Marc und geht geradewegs durch den Raum auf ihn zu, obwohl er gerade im Gespräch ist. Marc denkt sich: Was ist denn das für ein Trampel? Und hört Franziska kurz zu, wendet sich dann aber wieder zu seinen Freunden. Franziska, hast du das Nein gehört?

Arne spricht mit Lina erst seit fünf Minuten, und schon ergreift er ihre Hand. Lina lacht unbeholfen. Arne, erkennst du das Nein? Und kannst du Gedanken lesen? Lina denkt: »Schade! Eigentlich finde ich ihn ganz nett.« Doch weil er Phase 3 überspringen will, muss sie Nein sagen.

Paul und Mia haben die Phasen 1 bis 3 sehr schnell gemeistert, und weil alles so gut läuft, rutscht beim zweiten Date Pauls Hand unter Mias Oberteil. Mia muss plötzlich telefonieren. Paul, erkennst du das Nein? Weil Paul Phase 4 überspringen wollte, hat er Mia zu ihrem Nein gezwungen.

Geh bei einem
Nein sofort einen
Schritt zurück.

17. Schritt zurück!

»Und wie reagiert man auf ein Nein?«, fragt Günter. Da gibt es nur eine Antwort: Anlass für das Nein ist dein vergangener Schritt – er ging zu weit. Nimm also dem anderen sofort den Grund für das Nein weg. Geh auf Abstand, entschuldige dich vielleicht für deine etwas zu direkte Art und warte ab. Denn nur dann hat der andere die Chance, dir zu zeigen, dass er deine Nähe vielleicht doch will. Denn alle Schweinehunde wollen Nähe, und alle Schweinehunde spielen »Schweinehund, ärgere dich nicht«.

Natürlich sind viele Neins wirkliche, echte Neins und entsprechend ernst gemeint. Die solltest du respektieren. Aber manche Neins sind auch nur Warnschüsse: »Du überspringst Stufen auf der Flirt-Leiter! Du bist zu früh in der Phase der vertraulichen oder zärtlichen Nähe! Gelbe Karte!«
Um was für ein Nein es geht, merkst du, wenn du deine kleine Distanzverletzung ohne viel Theater korrigierst und einen Schritt zurückgehst. Das hat übrigens einen ziemlich genialen Vorteil: Auf diese Weise erfährst du schnell, woran du bist ...

Manche Neins sind echt. Dann fliegst du raus. Manche Neins sind aber nur Gelbe Karten. Die erkennst du, wenn der andere wieder auf dich zukommt – das Signal, behutsam weiterzumachen.

18. Ja?

Ist es ein echtes Nein, gibst du dem anderen durch deinen Rückzug die Möglichkeit zur Flucht. Das ist gut. Schließlich will Günter ja niemanden zwingen, oder? Also akzeptiere echte Neins und lass den anderen ziehen. Jetzt weißt du, woran du bist: Du fliegst raus und darfst von vorne anfangen (vielleicht bei einem anderen Schweinehund). Und frag dich, wo du Neins provoziert hast. Nächstes Mal machst du es besser. Übung macht den Meister!

Steckt hinter dem Nein aber nur eine Gelbe Karte, hat dein Rückzug eine tolle Folge: Der andere fühlt sich plötzlich allein gelassen. Du bist gar nicht mehr so nah! Und weil Schweinehunde nicht alleine sein wollen, kommt er vielleicht wieder auf dich zu. Auch jetzt weißt du, woran du bist: Der andere will mehr von dir – und verzeiht dir kleine Verletzungen der Spielregeln.

Was bedeutet das für dich? Dass du ans Ziel kommst, wenn du dich an die Regeln hältst! Dass du den Berg weiter raufklettern darfst. Aber behutsam! Wenn du ausrutschst und es gerade noch mal gut geht, ist das ein ganz großer Schreck. Da bleibst du am besten erst mal stehen! Erst wenn du ruhig bist und auch der Stein nicht mehr wackelt, geht es weiter. Und nicht vergessen: Steine sprechen nicht.

Bau Ja-Straßen.
So mag dich
dein Gegenüber
gerne. Nach fünf
Jas kannst du zur
nächsten Phase der
Nähe übergehen.

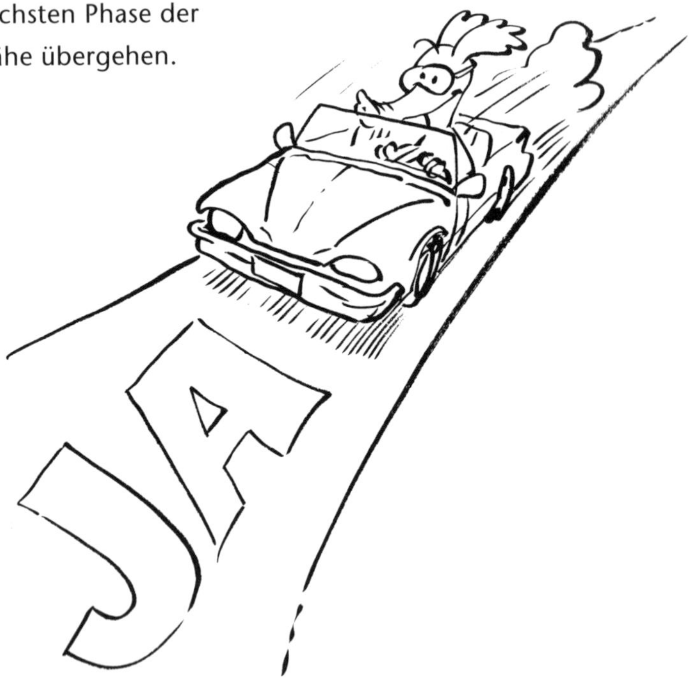

19. Ja-Straßen

Wäre das eine Sache, Günter, wenn du gar keine Neins mehr bekämst? »Ja!« Hast du Lust, dass du immer Jas bekommst? »Ja!« Willst du richtig gut flirten können? »Ja!« Willst du Ja-Straßen bauen? »Ja! – Äh, was?« Ja-Straßen sind Reihen von »Ja«-Antworten im Kopf deines Ziel-Schweinehundes. Dem wirst du als geübter Flirter ein Ja nach dem anderen in den Kopf pflanzen. Ja-Straßen reißen mit.

Anders als Nein-Straßen: Die bremsen und halten dich vom Ziel ab. Günter, wie wär's mit einer Diät? »Nein!« Gut, dann essen wir Seife! »Nein!!« Na, aber dann laden wir wenigstens Tante Erna ein? »Nein!!!« Jedes einzelne Nein wendet die Stimmung ins Negative! Hast du Lust auf was Leckeres? Günter zögert! Merkst du's? Die Ja-Frage hat jetzt weniger Chancen! Denn die Neins haben die Atmosphäre negativ aufgeladen. Um ein Nein unschädlich zu machen, brauchst du also wieder viele Jas.

Und wenn du auf so einer Ja-Straße fünf Jas gesammelt hast, hast du dir die Erlaubnis geben lassen, zur nächsten Phase der Nähe überzugehen.

Eine Ja-Straße baust du, indem du
zur richtigen Zeit auf angemessene
Weise die richtigen Angebote machst.

20. Günter baut Ja-Straßen

»Und wie baut man Ja-Straßen?«, fragt Günter. Ganz einfach! Indem du ...

a. ... die richtigen Angebote ...
b. ... auf angemessene Weise ...
c. ... zur richtigen Zeit machst.

Angebote sind schöne Dinge, die nicht befremdlich wirken: Mit etwas Gespür findest du schnell heraus, ob jemand nächtliche Wanderungen durch Eisenbahntunnel und über Friedhöfe romantisch findet. Angemessenheit zeigst du, wenn du die gesellschaftlichen Regeln beachtest, niemanden störst oder unterbrichst und wenn du nicht auftrittst wie ein Elefant im Porzellanladen. Und die richtige Zeit ist, wenn dein Angebot der jeweiligen Phase entspricht, etwa eine gereichte Hand beim Klettern in Phase 2 oder 3 oder ein Kuss in Phase 4 oder 5. Übrigens: Wenn du in Phase 3 abblitzt, dann heißt das, dass du bis dahin lauter Jas erhalten hast – sonst wärst du gar nicht erst so weit gekommen! Du kannst es also.

Und auch wie du fragst, spielt eine Rolle. Zum Beispiel ist die Frage »Fühlst du dich wohl?« (»Ja!«) besser als »Frierst du auch nicht?« (»Nein!«). Selbst wenn es etwas Positives ist, nicht zu frieren, lädt das »Nein« die Atmosphäre negativ auf. Beim Flirten solltest du also nur positive Gedanken und Gefühle wecken!

Mit den richtigen geschlossenen Fragen baust du Ja-Straßen. Mit den richtigen offenen Fragen erzeugst du einen angenehmen Dialog.

21. Die richtigen Fragen stellen

Und mit welchen Fragen du positive Gedanken und Gefühle weckst, wissen Professoren und schlaue Wissenschaftler. Die unterscheiden zwischen »geschlossenen« und »offenen Fragen«: Auf geschlossene Fragen kommt ein Ja oder ein Nein. »Gefällt es dir hier?« – »Ja« oder eben »Nein«. Aus einem Ja folgt für dich die nächste Ja-Frage: »Wollen wir dann hier bleiben?« Und aus einem Nein deine bereitgelegte Alternative: »Ich kenne einen Laden, der dir bestimmt gefällt!« – »Ja?« – »Ja!« Und ihr seid wieder auf dem Ja-Damm.

Auf offene Fragen kann dein Gegenüber freier, »offener« reagieren. Sie fangen meist mit W an: »Wie gefällt es dir hier?«, »Wo kommst du gerade her?«, »Welche Kinofilme magst du gerne?« Offene Fragen machen ein Gespräch zum Dialog.

Das heißt: Mit geschlossenen Fragen kannst du ein Gespräch besser steuern. Und mit offenen Fragen erzeugst du mehr Nähe. Denn auf offene Fragen kann man mehr antworten. Und wer viel von sich erzählen darf, fühlt sich meist sehr gut von Günter verstanden. Dann heißt es schon nach kurzer Zeit: »Es ist, als würden wir uns schon ewig kennen!«

Verstand ist unwichtig.
Stell keine Kopf-Fragen –
und schalte den Kopf
deines Gegenübers aus.

22. Rübe aus!

Günter will natürlich erst einmal die harten Fakten abchecken, damit er weiß, womit er es zu tun hat. »Wie alt bist du?« – »Wo wohnst du?« – »Seit wann lebst du hier?« – »Was machst du beruflich?« Stopp, Günter. Ist das ein Verhör? Dein sachliches Interesse weckt kaum positive Gefühle!

Die unwichtigsten Dinge beim Flirten sind Fakten. Hängt es vom Wohnort oder vom Alter ab, ob du jemanden gut findest? Fragen nach Fakten gehören in Prüfungen und Vorstellungsgespräche. »Brrr«, denkt Günter, wenn er an Prüfungen denkt. »Unangenehm!« Besser, du achtest auf dein Gefühl, denn reine Kopf-Fragen können genauso wirken wie Nein-Fragen: Der Kopf stellt eine scheinbar harmlose Frage, und das Herz schaltet auf »Stopp!«. Und sei es nur aus dem vagen Gefühl heraus, dass etwas nicht stimmt.

Also Kopf beim Flirten ausschalten! Und zwar nicht nur deinen, sondern auch den Kopf des anderen. Wie das geht? Du sprichst einfach das Herz an und sorgst dafür, dass der Verstand des anderen keinen Grund findet, aufmerksam zu werden! Der Verstand ist häufig wie ein zu strenger Chef, der alles zunichte machen kann, wenn man ihn weckt. Also lass ihn schlafen.

Hör auf, mit dem Kopf zu denken. Denk beim Flirten lieber mit dem Herzen.

23. Mit dem Herzen denken

Wusstest du, dass man mit dem Herzen denken kann? »Wie jetzt«, raunzt Günter und runzelt die Stirn. Schauen wir uns ein Beispiel an: die Frage »Geht es dir gut?«. Der Kopf würde jetzt erstmal Kriterien ermitteln und eine Antwort geben wie: »Finanziell ja, aber dass mein Auto in der Werkstatt steht, nervt.« Doch zum Glück sind nur wenige Schweinehunde so kopflastig! Die meisten antworten nämlich spontan aus dem Bauch heraus und sagen: »Danke, gut. Schön, dass du fragst.« Die Botschaft hinter der Frage war also Interesse! Und das wissen Schweinehunde durchaus zu schätzen. Die Frage richtete sich also nicht an den Kopf, sondern an das Herz des Gegenübers. Noch deutlicher wird es mit der Frage: »Fühlst du dich wohl?« Sie öffnet dir den Gefühlszugang zum Ziel-Schweinehund. Wenn du bisher alles richtig gemacht hast, wird er jetzt Ja sagen, und du hast einen weiteren Meilenstein auf der Ja-Straße zu euren beiden Herzen.

Lass deinen Kopf denken und dein Herz fühlen: Der Verstand ist unerotisch, er kontrolliert, er checkt ab und interessiert sich für Fakten statt für Stimmungen. Das Gefühl dagegen ist offen für Erotik, Intuition, Strömungen und Schwingungen.

Wann ist Günter glücklich? Wenn er es denkt? Oder wenn er es fühlt?

Keinen Stress machen! Nach sechs bis zwölf Stunden bist du in Phase 5. Ortswechsel erzeugen das Gefühl, ihr kennt euch schon länger – und beschleunigen den Prozess.

24. Die magischen Stunden

»Und wie lange dauert jetzt dieses ganze Ding?«, fragt Günter ungeduldig. Ganz ruhig, Brauner. Es geht umso schneller, je seltener du von deiner Ja-Straße abkommst. Aber von jetzt auf gleich geht meistens gar nichts, und das ist auch nicht schlimm. Denn um die Phasen der Nähe zu durchlaufen, braucht ihr Zeit! Außerdem wirkst du viel souveräner, wenn du einen langen Atem hast und nichts übers Knie brichst. Und weil du keine Phase überspringst, dich an die Regeln hältst und darum nur Jas bekommst, gelangst du sowieso ans Ziel. Wozu also die Eile?

Durchschnittliche Schweinehunde durchlaufen die fünf Phasen der Nähe etwa in sechs bis zwölf Stunden. Dabei ist es gleich, ob ihr diese Stunden am Stück miteinander verbringt oder über mehrere Treffen verteilt. In dieser Zeit wanderst du einfach auf deiner Ja-Straße. Ganz cool, einen Schritt nach dem anderen. Nach fünf Jas kannst du den nächsten Schritt wagen – aber ohne Hast. Übrigens: Wenn du dabei mit dem anderen Schweinehund öfter mal den Ort wechselst, entsteht schneller das Gefühl, dass ihr euch schon länger kennt. Das beschleunigt den Übergang von der persönlichen zur vertraulichen Nähe oder von der vertraulichen zur zärtlichen Nähe enorm!

Erkenne an, dass
es Spielregeln gibt,
die du beachten
solltest.

25. Die Spielregeln

Kleine Zusammenfassung? Das Spiel heißt »Schweinehund, ärgere dich nicht«:

a. Akzeptiere, dass es Spielregeln gibt. Sie gelten für alle Schweinehunde.
b. Halte dich an die Reihenfolge der fünf Phasen der Nähe: Gesellschaftliche, persönliche, vertrauliche, zärtliche und schließlich intime Nähe.
c. Bau Ja-Straßen. Wecke positive Gedanken und Gefühle.
d. Mach zum richtigen Zeitpunkt auf angemessene Weise die richtigen Angebote.
e. Schalte den Verstand aus. Denke mit dem Herzen.
f. Schweinehunde brauchen sechs bis zwölf Stunden, um die Phasen der Nähe zu durchlaufen, gerne auch über mehrere Treffen verteilt.
g. Je stärker der andere Schweinehund fühlt, dass du offen und vertrauenswürdig bist, desto schneller geht es.

Ehe für immer,
Lebensabschnitts-
partnerschaft
oder Affäre:
alles okay!

26. Verliebt, verlobt, verheiratet?

»Jetzt aber raus auf die Piste!«, drängelt Günter. Moment, Schweinehund. Was willst du eigentlich? Das solltest du vorher wissen. »Wenn du mit jemandem zusammen bist, dann fürs ganze Leben«, hat Opa vielleicht noch gemahnt, während die wilde Tante Hilde in ihrer Studentenzeit eine ganz andere Einstellung hatte: »Wer zweimal mit dem gleichen pennt, gehört schon zum Establishment!« Wem soll Günter nur glauben? Ach, immer diese Prinzipien! Vielleicht machst du einfach, was für dich das Richtige ist, Günter!

Ist Günter in einer großstädtischen 68er-WG aufgewachsen, dann denkt er über Liebe und Partnerschaft vielleicht lockerer, als wenn er aus einem kreuzreligiösen Bergdorf stammt. Aber keiner von beiden hat recht oder unrecht. Es sind nur verschiedene Ansichten. So sucht Christina vielleicht den Schweinehund fürs Leben, während Marc mal hier und mal da rüsselt. Nichts in der Welt legt dich fest. Nur du entscheidest, was richtig ist. Und wenn Klaus auf männliche Schweinehunde steht, dann ist das auch in Ordnung!

Wie lebst du? Was wünscht sich Günter? Was erwartest du von der Liebe?

Wichtig ist nicht, wen du attraktiv findest. Sondern wer dich attraktiv findet. Und wer auf der Suche ist, macht sich unattraktiv.

27. Etwa suchen?

Im Kino hört Günter immer wieder von der großen Liebe. Pfiffig sagt er: »Man muss nur darauf warten können!« Und dann sitzt er traurig am Fenster, die Regentropfen rinnen herab, und das Glück will einfach nicht anrufen. Folgt sein Schweinehundeleben etwa keinem Hollywood-Drehbuch?

»Na dann also raus zum Suchen!«, schlägt Günter vor. »Irgendwas wird mir schon gefallen und anbeißen.« Sekunde, Günter. Was meinst du, wie anziehend sind Sehnsüchtige und Liebeshungrige, die allem hinterherstarren, was grob ins Beuteschema passt? Wer so auf der Pirsch ist, dem gefallen viele Schweinehunde – doch er selbst gefällt den wenigsten. Denn man sieht sofort das Schild auf der Stirn: »Bin auf der Suche!« Und wer zu sehr auf der Suche ist, wirkt unattraktiv. Er würde jede erstbeste Gelegenheit beim Schopfe packen – wie unreif …

Weißt du was, Günter? Es geht überhaupt nicht darum, dass du andere attraktiv findest und so lange an ihnen herumbaggerst, bis sie nachgeben. Sondern es geht darum, dass die anderen dich attraktiv finden! Dann wird es ganz leicht. Überleg doch mal, ob du dich nicht besser finden lassen solltest …

Wenn du nicht weißt,
was du willst,
findest du auch nicht,
was du willst.

28. Zufall und Schicksal?

»Ich soll mich finden lassen? Ein Glück: Dann können wir ja faul zu Hause sitzen bleiben!« Typisch, Schweinehund: Die wenigsten bestimmen selbst, wohin sie ihr Leben führen soll. Die Folge nennen sie dann »Zufall«, oder »Schicksal«. Denk mal an deine Stadt, deine Wohnung, deinen Job. Hast du all das gezielt rausgesucht, verfolgt und erreicht? Wenn ja: Kompliment! Dann hast du dein Leben in der Hand und weißt, dass »Zufall« die Ausrede der Untätigen ist. Die wenigsten haben so genau geplant. Dabei kann man viel mehr im Leben bestimmen, wenn man weiß, was man will und wie man es erreicht! Und weil dein Partner eben auch ein Teil deines Lebens ist, hängt es von dir ab, mit wem du glücklich wirst. Ist das nicht wundervoll? Die Frage ist also nicht: Ist die große Liebe Zufall und Schicksal? Sondern: Wie kannst du dein Glück selbst in die Hand nehmen? Und wie findet dich dein Traumpartner am besten?

Aber zunächst: Was für einen Partner willst du überhaupt? Den erstbesten? Oder hast du Wünsche? Mach doch mal eine Liste, wie dein Partner sein soll. Sei realistisch, aber hör auch auf dein Herz. Wenn dich weiße Socken nicht glücklich machen, dann ist das eben so.

Was willst du?

Und was willst du nicht?

Schreib es auf!

29. Was Günter will und was er nicht will

Nimm ein Blatt Papier und einen Stift. Zieh in der Mitte einen senkrechten Strich. Oben links malst du ein Plus hin, oben rechts ein Minus. Unter Plus schreibst du alles hin, was du dir wünschst und wonach du dich sehnst. Unter Minus schreibst du hin, was du nicht willst. Denn um einzugrenzen, was du willst, gehört es dazu, abzugrenzen, was du nicht willst. So wird dir das Profil von Günters besserer Hälfte klar, und du lässt dich später nicht so leicht beirren.

Am besten bist du ganz ehrlich zu dir selbst. Willst du notieren, dass bestimmte Körperteile ein gewisses Volumen nicht unterschreiten sollten, aber traust dich nicht? Typische Günter-Falle! Der Schweinehund protestiert, weil ihm das irgendwie zu primitiv vorkommt und er es vielleicht für anspruchslos oder oberflächlich hält. Aber Günter: Wenn du schon weißt, was du willst und was nicht, dann schreib es doch auch hin! Wer nicht auf sein Herz hört, braucht sich nicht zu wundern, wenn er später unzufrieden ist.

Niemand außer dir wird diese Liste lesen. Es besteht also kein Anlass, dir selbst gegenüber nicht ehrlich zu sein. Diese Liste wird dein Schlüssel zum Glück.

Sieh deine Ansprüche an deinen Traum-Partner locker. Nobody is perfect. Nicht einmal du.

30. Prinzessinnen und Prinzen

»So, jetzt aber los!«, drängt Günter. »Raus auf die Piste, Schweinehunde aufreißen!« Moment mal! Warum so eilig? »Na wir haben doch unsere Liste«, sagt Günter. »Jetzt gehen wir schauen, wer alle Kriterien erfüllt!«

Na, dann werfen wir doch mal vorsichtshalber einen Blick auf die Liste. Was steht da? »Suche blondes Model, Maße 90/60/90, kinderlos, kocht wie Mutti und bringt Bier, null zickig, will immer Sex, verdreht allen den Kopf, ist aber nur für mich da, tut alles, was ich will, und lässt mich auf Verlangen in Ruhe«? Oder: »Gut aussehender, gebildeter Ritter und Held, erfolgreich, Auto und Konto dick, kann zuhören, immer verständnisvoll, immer Zeit, sportlich, charmant, zuvorkommend, jeden Abend Candle-Light-Dinner, nie Fußball, kein Fremdgeher oder Puffgänger, aber trotzdem nicht zu langweilig«?

Oh, oh! Das klingt nach einer Traumprinzessin oder einem Traumprinzen. Wie hoch ist die Wahrscheinlichkeit, dass Günter fündig wird? Seine Ideale können es dir schwer machen! Besser, du passt deine Wünsche ein wenig der Wirklichkeit an. Oder soll dein Partner unter der Last deiner Ansprüche zusammenbrechen?

Betrachte deine Ansprüche
als eine grobe Richtung.

31. Das richtige Maß

Jetzt ist Günter aber enttäuscht. »Was denn«, brummt er. »Soll ich jetzt aufschreiben, was ich will, oder nicht?« Klar sollst du das, Schweinehund. Nur besteht die Kunst dabei auch darin, auf dem Boden zu bleiben. Verständlich zwar, dass du in den zweihundertvierundachtzigsten Himmel fliegen willst. Aber je höher deine Erwartungen, desto geringer die Auswahl – und desto höher die Chance, dass du die große Liebe übersiehst …

Versuch also, zwischen deinen extrem hohen Ansprüchen und dem, was du nicht willst, das richtige Maß zu finden. Dabei kannst du ruhig deine Erfahrungen einfließen lassen. Haben dich bestimmte Eigenschaften bisheriger Partner immer wieder enttäuscht? Dann setze sie auf deine Minus-Liste: geringe Bildung, Unfähigkeit zuzuhören, Untreue, Gemecker, übergroße Figurprobleme. Und was du dir erträumst, das verlange nicht hundertprozentig, sondern freu dich schon über ein bisschen: Ein Hobby-Jogger ist zwar kein Spitzensportler – aber immerhin viel besser als ein dicker Sofahocker, der gar keinen Sport treibt. Und nur zwei, drei Mal die Woche Sex ist immer noch besser als gar kein Sex.

Wenn du unabhängig und bedürfnislos wirkst, macht dich das für andere attraktiv. Vorsicht: Rutsch nicht in etwas rein, was du nicht willst!

32. Distanz macht attraktiv

Ist deine Liste fertig? Vielleicht ergänzt du sie in nächster Zeit noch. Das ist in Ordnung! Willensbildung ist ein Prozess. Je ehrlicher du zu dir bist, desto besser.

Jetzt weißt du, was du willst. Also brauchst du nicht mehr hinter allen herzustarren! Ist das nicht toll? Wie gelassen du plötzlich sein kannst! Allerdings hat das eine Nebenwirkung: Von jetzt an wirkst du auf alle, die nicht deinen Wünschen entsprechen, unabhängig und souverän – eben nicht mehr wie auf der Suche. Und das macht dich unendlich attraktiv! Warum? Weil es andere Schweinehunde fasziniert, wenn jemand nichts zu brauchen scheint. Das denken andere Schweinehunde schnell. Sie sehen ja nicht, dass du doch suchst, wenn auch nicht unbedingt sie. Schweinehunde unterliegen eben gerne dem ersten Anschein.

Vorsicht nur, dass du jetzt nicht inkonsequent wirst! Die Gelegenheit wird sich bieten. Und natürlich würde Günter plötzliche Nähe und Wärme erst mal toll finden. Jetzt heißt es Pfoten stillhalten! Sonst hast du ruckzuck den falschen Partner an der Backe. Es wäre doch schade, wenn du den richtigen verpasst!

Mach dich für die attraktiv, die du willst.
Das gelingt dir, indem du ihnen nicht
gleich signalisierst, dass du Nähe willst.
Spiel ein wenig Distanz-Poker.

33. Distanz-Poker

»Hm«, überlegt Günter. »Die, die wir nicht wollen, ziehen wir jetzt an. Aber auf die, die wir wollen, wirken wir doch immer noch wie verkrampft auf der Suche!« Gut mitgedacht, Schweinehund. Jetzt stell dir vor: Was, wenn du auf die, die du willst, genauso souverän und unabhängig wirkst wie auf die, die du nicht willst? Günter überlegt: »Dann wirken wir auf die, die wir wollen, attraktiv.« Genau! »Aber wie stellt man diese Wirkung her?«, fragt Günter. »Man kann doch nicht zu denen abweisend sein, die man will?« Tja, ein bisschen schon. Setz mal dein Pokerface auf, Schweinehund! Weil es hier um Flirt und Liebe geht, ist ein bisschen Bluffen erlaubt. Denn das Ganze ist ein großes Spiel, das richtig Spaß machen kann. Wenn du es nicht so ernst siehst.

Günter wird ein wenig bange um die Rüsselschnauze. »Was, wenn ich verliere?« Keine Sorge. Du musst die Schweinehunde deines Herzens ja nicht gleich vor den Kopf stoßen. Unterdrück nur den ersten Impuls, dich ihnen sofort an den Hals zu werfen. Denn damit wirkst du wieder wie ein Suchender. Mach dich nicht zur allzu leichten Beute. Durch Distanz-Poker gibst du dir den Anschein der Ausgeglichenheit.

Das Spiel dient der Annäherung. Nimm es nicht zu ernst. Mit verdeckten Karten zu spielen, ist nicht unehrlich, sondern spannend.

34. Mit offenen Karten spielen?

»Na, aber wenn es doch sowieso immer die gleichen Spielregeln sind und das alle wissen«, überlegt Günter, »warum verzichtet man dann nicht darauf und spielt mit offenen Karten?« Aber Günter, erstmal macht Spielen Spaß, auch wenn alle die Regeln kennen. Oder würdest du vor einer Partie Schach über den Daumen peilen, wer vermutlich gewinnt, und darum auf das Spiel verzichten?

Außerdem wissen nicht alle Schweinehunde, dass es Regeln gibt. Und wer die Regeln nicht kennt, kann sich auch nicht an sie halten! Nur das erklärt, warum so viele Schweinehunde immer wieder die gleichen Fehler machen. Viele wissen nicht einmal, dass es wie ein Spiel ist, und nehmen es zu ernst.

Das Wichtigste aber ist: Schweinehunde sind verschieden. Die Annäherung ist nicht lästig, sondern nötig. Schließlich will dein Gegenüber wissen, mit wem er es zu tun hat. Und du willst wissen, mit wem du es zu tun hast! Gib also dem anderen die Chance, die Welt aus deiner Perspektive zu betrachten – dann lernt er dich kennen. Und empfinde es als schönes Abenteuer, die Welt aus der Perspektive des anderen zu sehen. So nähert ihr euch spielerisch an!

Wer lieben und geliebt
werden will, sollte
zuallererst sich selbst
lieben können.

35. Schatz, ich liebe mich!

Noch besser als nur einen ausgeglichenen Eindruck zu machen, ist es natürlich, ausgeglichen zu sein. Wer in sich ruht und mit seinem Leben glücklich ist, ist besonders begehrenswert. Denn wer selbst Glück hat, kann auch welches verschenken. Wer will schon am Leben eines Unglücksraben teilhaben? Oder, Günter, was meinst du? Was für einen Partner wünschst du dir? Einen, der unglücklich ist und dich braucht, damit ihm nichts fehlt? Oder einen, der auch alleine stark ist und mit dem du gemeinsam euer Glück vollendest?

»Schon klar«, sagt Günter. »Aber wie liebt man sich selbst?« Indem du dir ein paar Dinge vor Augen hältst. Erst einmal: Liebe musst du dir nicht erarbeiten. Sie hat nichts mit Leistung zu tun. Das wäre nur anstrengend. Liebe stellt keine Ansprüche. Stell dir vor, du liebst jemanden, und dreh es um! Sag dir: »So, wie ich bin, bin ich gut. Ich bin einzigartig. Ich weiß mich zu schätzen. Ich behandele mich mit Respekt. Ich freue mich jeden Tag darüber, dass es mich gibt. Ich bin stark und zufrieden. Wenn ich jemand anderes wäre, würde ich mich gerne kennenlernen.«

Liebst du dich? Brauchst du niemanden als Lückenfüller, sondern bist selbst stark?

Kannst du loslassen? Weißt du, dass du einen tollen Partner verdienst? Ist dir klar, dass du stark und unabhängig bist? Dadurch wirst du locker und souverän.

36. Locker sein

Zum Glücklichsein gehört es auch, locker zu sein. Erinnere dich: Als du zum letzten Mal jemand Wildfremdes angesprochen hast, der dir gefallen hat, wie locker warst du da? Oder hat dich Günter vor lauter Unsicherheit zum Affen gemacht? Wie locker bist du beim Distanz-Poker?

Ein Geheimnis ist es, die Dinge innerlich loszulassen. Wer sich auf etwas einschießt, verkrampft allzu leicht. Und genauso, wie du dir selbst klarmachen kannst, dass du dich liebst, kannst du dich locker machen. Sag dir: »Ich brauche nichts. Ich bin unabhängig. Wenn mir jemand gefällt, muss ich nichts übers Knie brechen. Ich brauche mich nicht aufzudrängen. Denn wer sich für mich interessiert, dem entgeht nicht, dass ich da bin. Und ob sich jemand für mich interessiert, erfahre ich, indem ich darauf achte, wer auf mich achtet. Es besteht kein Zwang, etwas zu tun. Es genügt, wenn ich spät erscheine und früh gehe.«

Und ganz wichtig ist auch: »Ich bin mit mir im Reinen. Ich habe einen tollen Partner verdient. Und wenn er mir begegnet, werden wir beide es merken.« So wirkst du nicht nur selbstbewusst und souverän, sondern bist es auch!

Wenn du ruhig
bleibst, wird
sich eins ganz
einfach nach
dem anderen
ergeben.

37. In der Ruhe liegt die Kraft

»Los jetzt, her mit dem Traumpartner!«, ruft Günter begeistert. Immer mit der Ruhe! Wenn du jetzt den Partner deiner Träume triffst, solltest du nicht gleich über ihn herfallen. Überfälle mag keiner. Gib dem anderen lieber Zeit, langsam auf dich aufmerksam zu werden. Du brauchst nichts zu erzwingen, das hast du nicht nötig. Gib deinem Flirt-Partner einfach die Gelegenheit, dich etwas kennenzulernen – allerdings ohne dich wie ein Angeber aufzudrängen. Denn wahres Interesse kommt ohne Prahlerei aus. Und schau, ob er sich für dich interessiert. Wenn er sich nicht für dich zu interessieren scheint, hast du ihm vielleicht noch nicht genug von deiner spannenden Persönlichkeit gezeigt.

»Alles Theorie!«, mosert Günter plötzlich. »Was, wenn das Ganze im Supermarkt an der Kasse passiert und der andere nach zwei Minuten über alle Berge ist?« Tja, Günter. Dann solltest du zwar besonders schnell reagieren, aber auch dann nach dem Grundsatz »In der Ruhe liegt die Kraft«. Keinen Stress und keinen Druck erzeugen. Du wirst sehen – alles geht ganz einfach. Hauptsache, du bleibst locker – und sprichst deinen Flirt-Partner einfach elegant an.

Du brauchst keine Angst zu haben, andere anzusprechen. Schließlich muss ja (hoffentlich) auch niemand Angst davor haben, dich anzusprechen.

38. Hilfe, ich trau mich nicht!

»Einfach elegant ansprechen? Wie soll das gehen? Du kannst doch niemanden so einfach ansprechen – und elegant schon gar nicht!«, meckert Günter weiter. Klar, der Schweinehund bekommt wieder Muffensausen. Er erinnert sich an früher: »Spiel nicht mit fremden Kindern!«, hieß es schließlich. Und schon das »Willst du mit mir spielen?« war nicht immer so einfach. Wie sollte Günter jetzt cool bleiben können – wo doch die Spiele zwischen erwachsenen Schweinehunden viel schöner sind als die zwischen Ferkelwelpen ...

Aber, bester Schweinehund: Muss man eigentlich Angst davor haben, dich anzusprechen? »Nein«, grummelt Günter, »natürlich nicht, warum auch?« Siehst du! Warum solltest du dann Angst haben müssen, andere anzusprechen? Das sind auch nur harmlose, liebe Schweinehunde wie du! Und die, die dich anschauen wie ein Auto, wenn du sie ansprichst, können dir sowieso gestohlen bleiben. Doch so, wie du dich damals überwunden hast, wirst du dich auch heute überwinden können – nur dass es heute eben heißen soll: »Willst du mit mir gehen?« Aber das musst du nicht einmal direkt fragen – schließlich verpackst du das Ganze in viel hübschem Geschenkpapier. Und das Geschenkeauspacken wird zum perfekten Flirt!

Manche Schweinehunde sind so schön, dass andere sich nicht trauen, sie anzusprechen. Aber die Angst vor der Schönheit ist nicht nötig. Viele Schönheiten sind einsam. Bleib auf Augenhöhe!

39. Angst vor Schönheit

»Ja, stimmt eigentlich«, sagt Günter. »Ich fände das schon komisch, wenn jemand sich nicht traut, mich anzusprechen.«

Und jetzt stell dir vor, du bist ein Top-Model. Du bist super attraktiv. Was geschieht wohl, wenn du im Supermarkt an der Kasse stehst, und der Schweinehund hinter dir findet dich gut? »Er spricht mich an?« Schon möglich. Es kann aber genauso gut sein, dass der andere hinter dir sich gar nicht traut, dich anzusprechen, eben weil du so schön bist! »Verstehe ich nicht«, sagt Günter. Aber das ist doch klar: Dass du schön bist, siehst ja nicht in erster Linie du, sondern das sehen die anderen. Und die fühlen sich vielleicht unterlegen und trauen sich nicht, dich anzusprechen. Darum sind schöne Schweinehunde oft einsam ...
Du kannst Unterlegenheitsgefühle also einfach vergessen und immer auf Augenhöhe mit anderen Schweinehunden sprechen! Ist das nicht toll?

»Stimmt«, sagt Günter und beschließt, künftig vor allem besonders schöne Schweinehunde anzusprechen.

Betrachte deinen Flirt
nicht wie eine Jagd.
Sondern sei offen für
gemeinsame Erfahrungen!

40. Offenheit, Interesse, Freude

»Also spricht man einen anderen Schweinehund einfach irgendwie an, und dann geht alles gut weiter?«, fragt Günter. Nicht ganz! Mit ein paar Zauberworten für den Anfang und ein paar Nullachtfünfzehn-Sprüchen wird es nicht getan sein. Du willst ja nach den ersten fünf Sekunden immer noch etwas zu sagen haben. Und vielleicht willst du zu dem neuen Schweinehund nicht nur für einen Abend Ja sagen, sondern auch noch am nächsten Morgen ... Also einen Schritt zurück: zu deiner inneren Einstellung!

»Innere Einstellung?«, wundert sich Günter. »Was soll das denn jetzt?« Nun: Mit welcher inneren Haltung du einen Flirt beginnst, wird dein Schweinehund-Gegenüber spüren. Ebenso wird er merken, wie viel Tiefgang du hast und in welcher Stimmung du bist. Und um von vornherein positiv zu wirken, solltest du wahrhaftig offen und interessiert sein. Dann erspürst du auch wirklich die wichtigen Themen, die den Flirt gut flutschen lassen. Sei also offen und freudig statt misstrauisch und mürrisch. Denk nicht nur daran, deinen Zielschweinehund zu erlegen wie ein Stück Wild – ohne dir Gedanken darüber zu machen, was danach kommt. Sondern freu dich darauf, mit ihm auch mal ins Kino zu gehen oder eine Ausstellung zu besuchen oder einen schönen Spaziergang zu machen. Und sei neugierig und gespannt darauf, was für einen Schweinehund du dabei kennenlernst!

Die Welt ist deine Bühne. Bühnen betritt man nicht ungeduscht in Schlabberklamotten.

41. Raus aus'm Haus!

Und dann raus aus der Schweinehundehütte! Wer zu Hause hockt, wartet nur lange und vergeblich. Stell dir vor: Da draußen sind viele Schweinehunde, die auf genau so jemanden wie dich warten. Woher sollen die denn wissen, dass es dich gibt, wenn du dich ihnen nicht zeigst? Geh also mit gesundem Selbstwertgefühl raus: Auftritt Günter! Die Welt ist deine Bühne.

Aber: Wie betrittst du eine Bühne? Ungeduscht in Schlabberklamotten? Dein Traum-Schweinehund kann dir jederzeit begegnen – auch wenn du gerade im Stau in der Nase bohrst. Das sieht der Schweinehund vor dir im Rückspiegel, und er verliert damit vielleicht sofort das Interesse. Schade!

Mach dich also nicht nur schick, wenn du ausgehst, sondern achte auch im Alltag auf ein gepflegtes Äußeres und gutes Benehmen. Keine Sorge, du musst nicht in Smoking oder Abendkleid zum Eckladen gehen. Aber zeig nach außen, dass du dir was wert bist. So mancher schick gekleidete Partygast hat bei anderen Gästen schon den Gedanken geweckt: »Das ist doch der, der sich sonst nie wäscht!«

Achtest du auf dich? Dann tritt gepflegt auf. Das macht dich für andere attraktiv.

42. Auf das Äußere achten

Günter sagt vielleicht: »Unsinn! Auf Äußerlichkeiten Wert zu legen ist oberflächlich!« Kann man so sehen, Schweinehund. Wenn du auf Äußeres keinen Wert legst, lernst du wahrscheinlich nur Schweinehunde kennen, die aufs Äußere auch keinen Wert legen. Denn Gleiches zieht Gleiches an. Willst du einen ungepflegten Partner?

Natürlich gibt es Ausnahmen. Klar. Attraktive schicke Lady lässt sich mit einem nach Rauch und Alkohol müffelnden Obdachlosen ein? Ausnahme! Die nach altem Schweiß »duftende« Frau mit ihren grauen strähnigen Haaren und ihren Plastiktüten findet ihren Chefarzt auf dem Golfplatz? Ausnahme! Günter in stinkenden weißen Socken und löchriger Trainingshose landet bei seiner schicken Traumschweinehündin? Ausnahme! Und ziemlich unwahrscheinlich … Dabei kann das richtige Äußere deine Erfolgschancen steigern!

Außerdem: Ist das Äußere wirklich oberflächlich? Oder ist das Äußere nicht eher ein Spiegel des Inneren? Wie sich jemand kleidet, zeigt, wie sehr er sich wertschätzt. Je mehr du dir wert bist, desto gepflegter bist du. Und erinnere dich: Es geht nicht darum, dass die anderen attraktiv sind. Sondern darum, dass du attraktiv bist!

Tritt gepflegt auf, aber mach
dich nicht zum eitlen Angeber.

43. Gockel mit Goldkettchen

»Okay, kapiert!«, sagt Günter und legt sich sein Goldkettchen um. »Dann mach ich mich jetzt attraktiv: Ich roll mein dickes Auto aus der Garage, spendier Drinks und erzähl von meinen teuren Hobbys!«

Vorsicht, Günter: Mach das, und du wirst bei genau den Schweinehunden landen, denen dicke Autos und Posen wichtig sind. Denn Gleiches zieht Gleiches an. Und mit allem, was du zeigst, sagst du viel über dich selbst aus: Schaut her, wie toll ich bin! Daraus schließen andere Schweinehunde messerscharf, dass du dich selbst für ziemlich toll halten musst. Kann es sein, dass du ein eitler Gockel bist? Und die, die keine Angeber mögen, erreichst du mit deinem dicken Auto gar nicht. Vielleicht taugst du gerade mal zum dummen Cocktail-Spender, der anderen den Abend bezahlt? Passieren muss danach noch lange nichts. Klassischer Flirt-Fehler!

Du kannst dir überlegen, ob du mit jemandem eine Nacht oder ein Leben verbringen möchtest, für den Besitztümer und repräsentative Autos das Wichtigste sind. Günter runzelt die Stirn. »Hm. Aber geht es beim Flirten nicht oft um Angeberei und Aufschneiderei?« Ja, bei anderen vielleicht. Aber denk mal nach: Wenn du die ausschließt, die keine Angeber mögen, verringerst du deine Chancen!

Deine Requisiten sagen eine Menge über dich aus.

44. Deine Requisiten

Übrigens hat auch dein Goldkettchen einen negativen Effekt: Es verpasst dir den Stempel eines bestimmten sozialen Milieus – also den Stempel einer bestimmten Gruppe von Schweinehunden, die auf eine bestimmte Weise kommuniziert, bestimmte Vorstellungen vertritt und bestimmte Dinge mag. An den Requisiten erkennst du die Milieus von Schweinehunden. Und andere erkennen an deinen Requisiten dein Milieu – und treffen dadurch Aussagen über dich.

Kroko-Handtäschchen? Du hast Geld und zeigst es gern, hast aber Angst vor persönlicher Nähe. Getuntes Auto? Du bist nicht sehr gebildet und stellst dich gerne dar. Auto voller Kuscheltiere? Du bist einfach gestrickt und willst viel Nähe. Dicke Klunker am Ohr? Du repräsentierst gerne, bist aber im Dschungel aufgeschmissen. Moderne Tattoos und Piercings? Du bist körperorientiert und wahrscheinlich ein fetter Braten fürs Bett. Goldkettchen? Du bist eher kräftig als intelligent, legst Wert auf Geld, hast aber wahrscheinlich nicht viel davon ...

Requisiten engen deine Zielgruppe auf ähnliche Schweinehunde ein. Und sie grenzen andere Schweinehunde ab. Welche Attribute trägst du mit dir herum? Was verraten sie über dich?

Kleider
machen
Schweine-
hunde.

45. Kleider machen Schweinehunde

Auch wie du dich kleidest, erweitert deine Zielgruppe oder engt sie ein. Denn Kleider machen Schweinehunde! Überleg mal, was du so trägst.

Anzug oder Kostümchen? Business-Milieu! Kann anstrengend wirken, weil es den anderen subtil unter Erfolgsdruck setzt. Schlabberjeans und Leggins? Oft geringe Bildung, geringes Einkommen. Hemdkragen ragt aus dem Pulli oder Rüschenbluse? Du wirkst moralisch, ernst und freudlos. Highheels, auf denen du kaum gehen kannst? Du wirkst unpraktisch und kompliziert. Zweireiher mit Goldknöpfen? Du scheinst dich kaum noch ändern zu wollen. Grünes Hemd, gelbe Krawatte, rotes Sakko? Du hältst dich für unscheinbar, verstehst wenig von Stil und trittst daher auf wie ein Clown.

Mit deiner Kleidung ziehst du Schweinehunde an, die auf die gleichen Dinge Wert legen wie du. Willst du das? Überleg mal, was deine Kleidung über dich aussagt. Gefällt dir das Bild, das andere durch deine Kleidung von dir haben? Entspricht es deiner Person? Wie willst du wirken? Was könntest du an deiner äußeren Erscheinung ändern, damit du für andere attraktiv bist?

Achte auf deine Garderobe. Kleide dich zu jedem Anlass angemessen. Dann wirst du in Phase 1, der Phase der gesellschaftlichen Nähe, nicht scheitern.

46. Deine Garderobe

Natürlich kommt es auch darauf an, wo du gerade bist und was du tust. Oder gehörst du etwa zu denen, die in allen Situationen das Gleiche tragen? Dann wirst du schon in Phase 1 für ein Nein nach dem anderen sorgen. Überleg mal: Sogar die verrücktesten Künstler erscheinen zur Preisverleihung in Smoking und Abendkleid. Jeans, weißes Hemd, Sakko – das wirkt auf mancher Studentenparty overdressed, und auf der Wohltätigkeitsgala scheiterst du damit am Einlass. Geh also mal deinen Kleiderschrank durch. Hast du die passenden Klamotten für ...

a. ... deinen privaten Alltag (Supermarkt, Fahrt zum Sport ...)?
b. ... deinen beruflichen Alltag (Büro, Baustelle, Besprechungsraum ...)?
c. ... Partys unter Freunden?
d. ... gehobene offizielle Anlässe (Galas, Empfänge)?
e. ... Sport und Reisen?
f. ... freudige familiäre Anlässe (Geburtstags- und Hochzeitsfeiern)?
g. ... ernste familiäre Anlässe (Trauerfeiern)?

Und denke nie: Ach, nur die Fahrt zum Tee bei Tante Trude, da kommt es nicht darauf an. Dein Traumschweinehund kann dir immer begegnen!

Um so zu wirken, wie du wirken willst,
sollteest du das passende Äußere wählen.

47. Die richtige Erscheinung

Es geht also darum, dass du in jeder Situation angemessen gekleidet bist und zugleich mit deinem Äußeren deinem Wesen und deinen Zielen entsprichst. Dann bist du authentisch – ohne Maskerade. »Also sind Goldkettchen, fette Klunker und getunte Autos nur Maskerade?« Meist ja. Schau mal genau hin, ob du du selbst bist oder nur Theater spielst …

Also: Wie möchtest du wirken? Praktisch, direkt, unkompliziert? Sympathisch, freundlich? Spannend, interessant, aufregend? Attraktiv fürs Bett? Dann überleg mal, mit welchen Attributen du das alles ausdrücken kannst.

»Was könnte da passen?«, überlegt Günter. Ganz einfach: Im privaten Alltag Turnschuhe oder schwarze Halbschuhe? Du bist praktisch, direkt und unkompliziert! Halbhohe Damenschuhe? Du wirkst elegant und weiblich! Eine modern geschnittene, perfekt sitzende Jeans? Du bist zeitgemäß und flexibel!

Ein bisschen Schummeln ist erlaubt: Betone deine attraktiven Seiten und verstecke die weniger attraktiven – aber ohne es zu übertreiben …

48. Mogeln erlaubt!

»Also soll ich mich gar nicht richtig aufbrezeln?«, fragt Günter. »Aber wenn ich abends weggehe, dann zeige ich doch am besten meine Schokoladenseite!« Sicher: Mit Kosmetik und Klamotten kannst du betonen, was besonders attraktiv an dir ist, und so die Aufmerksamkeit anderer Schweinehunde darauf lenken: deine schönen Augen, die langen Beine oder wohlgeformten Hände. Praktisch daran: So achtet man weniger auf das, was an dir nicht so perfekt ist! Ja, manches Unperfekte kannst du mit ein bisschen Mogeln sogar kaschieren: etwa schmale Schultern mit Polstern verbreitern oder mit Push-up-BHs den Eindruck von Volumen erzeugen ... »Betrug!«, wittert Günter. Nicht ganz: eher mechanische Flirt-Erleichterung ...

Natürlich sollst du es nicht übertreiben: Wer kaum Schultern oder Brüste hat, sollte nicht Arnold Schwarzenegger oder Dolly Buster imitieren. Dieses Versprechen zerbröselt spätestens im Schlafzimmer zu Staub. Vor allem bei Naturfreunden, die nichts von Schönheitspolstern oder gar -OPs halten: So haben Silikon-Implantate oder Narben schon manchem Busenfreund den Spaß verdorben ...

In Sachen gepflegtes Äußeres gibt
es einige zeitgemäße Codes:
Geh nicht nachlässig mit dir um!

49. Dos und Don'ts

Alles klar, Günter? Unabhängig von deinem Stil und von der Frage, wo du auftrittst, gibt es noch ein weiteres wichtiges Gesetz. Entsprichst du den Ansprüchen der Zivilisation, in der du lebst? Täglich mindestens einmal geduscht und Haare gewaschen, ansonsten immer sauber gewaschen, Deo und gegebenenfalls Parfum angelegt, sauberer und gepflegter Haarschnitt, saubere Fingernägel, zeitgemäße, nicht abgetragene und frische Kleidung in passenden Farben, frische Unterwäsche (man weiß ja nie), gepflegte und gesunde Haut, saubere und gesunde Zähne und Zahnzwischenräume, kein Mundgeruch. Und:

Eberrüden: kein Haarkranz, keine Ohrenhaare, keine Nasenhaare, Socken dunkler als Schuhe, keine Sandalen mit Socken, kurze Hosen nur beim Sport und am Strand, Accessoires dezent!

Sauhündinnen: keine Wolle unter den Achseln und an den Beinen, elegante und schmale Augenbrauen, nicht überschminkt, zum Typ passende Accessoires!

Günter kommt aus der Dusche, hat sich mit Deo eingepinselt und fragt: »Aber wie geht das denn jetzt an der Supermarktkasse? Los, wir gehen einkaufen! Wir brauchen doch bestimmt Milch oder Käse oder irgendwas.«

Unter Zeitdruck und wenn nichts gegen ein paar Worte spricht: unbedingt die Drei-Sekunden-Regel beachten!

50. Erstkontakt unter Zeitdruck

Also rein ins pralle Leben! Du stehst an der Supermarktkasse. Vor oder hinter dir dein Traummann oder deine Traumfrau. (Oder übst du nur? Das ist erlaubt.) Damit Günter ruhig bleibt, denkst du einfach, es wird ein nettes Gespräch unter Freunden. Damit wird deinem Traumpartner klar: Du legst es auf nichts an, sondern bist vertrauenswürdig und locker drauf. Nebenbei: Dadurch kann es dir auch ganz egal sein, was die Kassiererin denkt. Ihr redet ja nur ... Und dann warte nicht lange: Jetzt kommt die Regel »Erst schauen, dann lächeln, dann sprechen« zum Einsatz. Erinnerst du dich? Stell wie durch Zufall Blickkontakt her. Wenn der Blickkontakt steht: nach spätestens drei Sekunden lächeln! Und wenn der Traummann oder die Traumfrau zurücklächelt: nach spätestens drei Sekunden etwas sagen!

Die Drei-Sekunden-Regel gilt nur dann nicht, wenn äußere Gründe gegen ein paar nette Worte sprechen – und das ist an Supermarktkassen selten der Fall. Befolgst du die Regel an der Supermarktkasse nicht, wirkt das verklemmt. Darum sind Supermarktkassen perfekt, um zu üben und um Hemmungen abzutrainieren.

Gute erste Worte sind außergewöhnlich, harmlos, konkret, einfach und wahr.

51. Die passenden Worte

»Und was sage ich?«, fragt Günter. »Etwas übers Wetter?« Vielleicht. Kommt darauf an. Die ersten Worte sollen nur die Betriebstemperatur erhöhen. Mit dem Herzen denken, weißt du noch? Es geht nicht um Inhalt. Wichtig ist zweierlei:

a. Attraktivität durch Besonderheit erzeugen. Sag was, was andere nicht sagen. Also vor allem nicht: »Hey, du siehst gut aus!« Denn dann denkt dein Zielschweinehund, du willst das Übliche wie die anderen auch – oder du machst dich zur leichten Beute. Bleib harmlos! Nutz die Situation: Liegt eine Zeitschrift im Einkaufswagen deines Zielschweinehundes, kannst du darüber ein Gespräch beginnen.
b. Vertrauen erzeugen. Sag einfache, wahre Dinge. Also nicht etwa: »Ganz schön kalt heute!«, wenn es draußen warm ist. Und auch nicht »Das Wetter ist ja dann doch noch ganz schön geworden.« Denn das zwingt deinen Zielschweinehund dazu, darüber nachzudenken, wie das Wetter ist und wie es vorher war. Viel zu kompliziert und anstrengend! Besser ist: »Die Sonne scheint. Es ist warm.« Das erzeugt ein wohliges Gefühl und lässt im Kopf deines Zielschweinehundes ein Ja entstehen. Und je mehr Wahrheiten du sagst, desto mehr Jas hat dein Zielschweinehund im Kopf. Daraus werden Jas zu dir – und es entsteht Vertrauen.

Mit einer einfachen Begrüßung verlegst du schon einmal die ersten Meter deiner Ja-Straße.

52. Vom Wort zum Kontakt

»Uff«, stöhnt Günter. »Ganz schön viel!« Tja, flirten ist eben eine Kunst. Aber machen wir gleich weiter an der Supermarktkasse: Du kannst Ja-Straßen bauen, mit dem Herzen denken und schöne Gefühle erzeugen. Jetzt brauchst du nur noch Kontakt zu deinem Flirt-Partner und diesen einen, ultimativen, besten ersten Satz. Also los: Erst Kopf aus- und Herz einschalten. Dann freundlich anschauen. Wird dein Blick erwidert? Wenn nein: aussteigen. Wenn ja: lächeln. Lächeln erwidert? Wenn nein: aussteigen. Wenn ja: sofort sprechen. Zum Beispiel:

»Hallo!« (für den Kopf banal, doch die kulturelle Konvention verlangt eine Erwiderung). Antwort: »Hallo!« (Kontakt ist hergestellt!). Blick in den fremden Einkaufswagen: »Hey, bei dir gibt's heute Spaghetti Bolognese zum Abendessen!« (für den Kopf banal, fürs Herz wahrscheinlich ein Ja und der Beweis, dass du harmlos bist und Wahrheiten von dir gibst). Die Antwort wird vermutlich nicht einfach nur Nein lauten – das wäre schroff und unhöflich. Wahrscheinlicher ist »Ja« oder »Nein, leider erst morgen!«. Das »Morgen« erlaubt dir, wie bei einem »Ja« weiterzumachen: »Da hätte ich den passenden Rotwein dazu!« Und schon seid ihr so weit, einen Kaffee zu trinken oder Telefonnummern auszutauschen. Und nur das ist das Ziel des ersten Satzes – nichts darf jetzt wie Zeitdruck aussehen.

Geflunker ist eine in
eine Charme-Wolke
verpackte Unwahrheit.
Beim Flirten erlaubt!

53. Erste Sätze, erste Sätze, erste Sätze

Noch mehr Beispiele gefällig? Okay. Aber ganz wichtig dabei: Ziel ist nie gleich ein Date zu Hause, sondern erst die Telefonnummer und ein unverbindliches Treffen, also reine Phase-2-Ziele, klar?

»Hey, du hast meine Lieblingsschokolade im Einkaufswagen!« (stellt Gemeinsamkeit her). »Gefällt dir was von meinen Sachen? Lass uns tauschen!« (Humor). »Vorschlag: Ich trage deine Einkäufe nach Hause, und du kochst!« (charmant und frech). »Eigentlich habe ich es eilig, aber wenn du willst, zeige ich dir was Schönes!« (für Ortskundige, die schöne Ecken kennen). »Könntest du mir bitte helfen?« (lehnt niemand ab).

Günter protestiert vielleicht: »Aber wenn es gar nichts zu helfen gibt?« Das ist egal. Dann denkst du dir eben was aus. »Aber ist das nicht gelogen?« Nein, Günter. Du lügst nicht, du flirtest! Flunkern ist Zauberei mit Sprache und Charme. Wichtig bei ersten Sätzen ist nur: Nicht so sehr aufs Körperliche eingehen. Das tun erstens alle, und zweitens offenbart es zu deutlich gewisse Absichten …

Gib deinem Gegenüber immer die Chance zur Flucht. Mit Druck, Zwang und Gewalt geht nichts. Eine Flucht ist ein Nein. Nichts ist peinlicher, als jemandem hinterherzulaufen.

54. Fluchtweg frei halten!

»So glatt läuft das doch nicht«, meckert Günter und sieht sich schon in peinlichen Situationen rot werden. Doch, Günter, es kann so glatt laufen, wenn du deinem Gegenüber nichts bietest, worüber es stolpern könnte. Wenn ihr euch gefallt und du die sozialen Codes wahrst. Und wenn du einfach keine Neins provozierst!

Dieses Schnell-Flirten kannst du üben, bis du in den Supermärkten deiner Stadt bekannt bist wie ein bunter Schweinehund. Unterscheiden solltest du zwischen Situationen, aus denen dein Gegenüber fliehen kann (Supermarktkasse, Straße), und solchen, aus denen er nicht fliehen kann (Bahn, Bus). Wenn jemand im Bus vor deinem Gequatsche nicht flieht, ist das kein Ja auf deiner Ja-Straße – es kann auch ein unhörbares Nein aus ohnmächtiger Hilflosigkeit sein. Aber mit ein wenig Pfotenspitzengefühl wirst du niemanden bedrängen! Lass anderen Schweinehunden immer die Chance zum Rückzug. Das würdest du an deren Stelle auch wollen. Mit Druck geht nichts, nur mit Sog.

Steht der Fluchtweg deinem Gegenüber offen und er oder sie bleibt dennoch, dann darfst du das als Sympathiepunkt werten. Und das heißt: Bau weiter an deiner Ja-Straße.

Überstürze nichts.
Sondern sorge mit
einer Ja-Frage für
ein unverfängliches
weiteres Treffen.

55. Vom Kontakt zum Date

Der Kontakt besteht, die Schweinehunde beschnuppern sich. Jetzt nicht vergessen: Flirten ist wie Geschenkeauspacken. Schön langsam! Um gleich alles klarzumachen, ist es den meisten Schweinehunden noch zu früh. Außerdem ist es ja ein Spiel! Also sei auch du keine allzu leichte Beute. Denk dran: Für den anderen bist du das Ziel! Dann lass ihn ein wenig mit dir spielen – wie eine Katze, die du mit einem Wollknäuel beschäftigst. Sobald du ihr das Knäuel überlässt, verliert sie die Lust.

Die nächste Stufe ist der gemeinsame Wunsch, Zeit miteinander zu verbringen. Da ist es zu viel, wenn du gleich eine Wellness-Woche buchst. Und es ist zu wenig, wenn du sagst: »Na, man sieht sich.« Auch muss diese Zeit nicht sofort im Anschluss an eure erste Begegnung liegen. Und dein Vorschlag sollte unverfänglich sein – damit giltst du weiterhin als harmlos, und du steigerst die Chance, eine Handynummer zu bekommen. Am besten sind Veranstaltungen, zu denen du sowieso wolltest. Also baust du deine Ja-Straße weiter: »Ich muss jetzt leider weg, aber morgen wollte ich in eine Ausstellung. Kommst du mit?« Von Termingründen abgesehen, ist ein Nein unwahrscheinlich, wenn du bis dahin nichts falsch gemacht hast. Wahrscheinlicher ist ein Ja. Und dann tauscht ihr eure Handynummern aus, und du suchst in Ruhe im Veranstaltungsprogramm nach einer Ausstellung …

Wer seine Handynummer herausgibt, begibt sich in eine passive Rolle. Das tun wenige gern. Gib im Zweifel deine Handynummer heraus. Damit erzeugst du Vertrauen.

56. Die Sache mit den Handynummern

»Und wer gibt wem die Handynummer?«, fragt Günter. Gute Frage, denn dahinter verbirgt sich eine ganz eigene Psychologie! Denn wer seine Handynummer herausgibt, wartet auf den Anruf und ist passiv. Wer eine Handynummer erhält, entscheidet, ob und wann er sich meldet. So ensteht ein kleines Machtgefälle.

Ob du passiv oder aktiv bist, kannst du je nach Situation entscheiden. Um die Zügel in der Hand zu behalten, ist es besser, wenn du dir die Handynummer des anderen geben lässt. Das gilt vor allem, wenn du zum Üben unterwegs bist und du dein Handy noch für andere Dinge brauchst als für gierige Flirt-Anrufe sehnsüchtiger Schweinehunde, die dich kennenlernen durften. (Vielleicht solltest du dir fürs Flirten mehrere Prepaid-Karten zulegen.) Und wenn du spürst, dass deinem Gegenüber die Herausgabe einer Handynummer unangenehm ist, dann begib dich in die passive Rolle und gib ihm deine Nummer.

Eine gute Methode: Speicher seine Handynummer gleich in deinem Handy ein und sag: »Ich klingel dich kurz an, dann hast du meine« – und mach das auch gleich. So bist du sicher, dass man dir keine erfundene Nummer unterjubelt …

Small Talk ist wichtig,
wenn Schweinehunde
sich beschnuppern und
einander kennenlernen.
Lerne die Kunst des
Small Talks!

57. Small Talk

Bis es zum Äußersten kommt, durchlaufen Schweinehunde noch vier Phasen der Nähe. Erinnerst du dich? Auf die gesellschaftliche Nähe (beide im Supermarkt, noch kein Kontakt) folgt die Phase der persönlichen Nähe (anschauen, anlächeln, ansprechen). Provozierst du bis dahin kein Nein, trefft ihr euch wieder und lernt euch näher kennen, bis ihr in der Phase der vertraulichen Nähe seid. Und dort kommt ihr nur hin, wenn ihr euch kennenlernt und einander vertraut! Und das geht fast nur, indem ihr miteinander sprecht.

»Aber worüber bloß?«, fragt Günter voller Angst vor zwölf Stunden Geplauder übers Wetter. Das Zauberwort heißt Small Talk! »Bloß nicht!«, wehrt Günter sofort ab. »Oberflächliches, seichtes Gelaber!« Langsam, Schweinehund. Wenn du jemandem erzählst, was du gerne magst, ist das dann seichtes Gelaber? Nein? Warum sollte es dann oberflächlich sein, wenn du jemanden danach fragst?

Also wäre es doch gut, wenn du die Regeln des Small Talks ebenso beherrschst wie die des Flirtens – schließlich ist Small Talk ein Teil davon.

Beim Small Talk kann man sich besser kennenlernen. Hör zu zwei Dritteln zu und sprich zu einem Drittel von dir.

58. Ein Spiegel deiner selbst

Wenn sich zwei Schweinehunde beschnuppern, lernen sie sich kennen. Genauso wie du wissen willst, wer der andere ist, will der andere wissen, wer du bist! Also überleg mal, wer du bist! Was tust du gerne? Was für Hobbys hast du? Wofür interessierst du dich? Was beeindruckt dich? Wer fasziniert dich? Welche Träume und Wünsche hast du? All das sind Dinge, die den anderen an dir interessieren. Also gib ihm eine Chance, es zu erfahren. Was du über dich sagst, ist ein Spiegel deiner selbst.

Das heißt natürlich nicht, dass du nur von dir selbst reden sollst. Schließlich willst du ja auch erfahren, wer der andere ist. Stell also Fragen – vor allem naheliegende. Spricht er plattdeutschen Dialekt oder mit französischem Akzent: Wo kommt er her? Kommt er immer wieder auf das Thema »Kinder«: Geh darauf ein! Manche Dinge sind ja vielleicht sogar wichtig für dich. Am besten lernst du jemanden kennen, wenn du offen und ehrlich zuhörst. Auf der sicheren Seite bist du darum, wenn du etwa ein Drittel der Zeit erzählst und zwei Drittel zuhörst. Und das wird dir leicht fallen, wenn du wirklich neugierig und interessiert bist – ansonsten sollte Günter sowieso lieber die Finger von diesem Schweinehund lassen.

Sprich beim Small Talk nur über Dinge,
die der jeweiligen Phase des Flirts entsprechen.

59. Die fünf Phasen beim Small Talk

Bald wirst du feststellen, dass ganz schön viele Dinge deine Persönlichkeit ausmachen. Du kannst über ganz viel reden! Du tauchst gerne, wünschst einer zickigen Kollegin die Pest an den Hals, magst Action-Thriller, stehst auf wildesten Sex unter freiem Himmel, bist wegen Nötigung und Beleidigung im Straßenverkehr vorbestraft und spielst Gitarre. »Komisch«, denkt Günter. »Manche Dinge scheinen sich für Small Talk zu eignen und manche nicht!«

Stimmt genau, Schweinehund! Wenn du genau hinschaust, stellst du fest: Alle deine Merkmale lassen sich einer Nähe-Phase zuordnen. Auf welche Musik du tanzt und welche Kinofilme du magst, ist für alle sichtbar – Phase 1. Dein Geschmack, dein Beruf und deine Pläne sind sichtbar, wenn man dir persönlich nah ist – Phase 2. Deine Sorgen, deine Ängste und Wünsche erfahren nur Schweinehunde, die in deine vertrauliche Nähe vorgedrungen sind – Phase 3. Deine Sehnsüchte und tiefen Gefühle zeigst du in Phase 4, der Phase der zärtlichen Nähe. Und zu welchen Heldentaten dich deine Hormone hinreißen, erfährt die Welt nur in Phase 5.

Was, wenn du beim Flirten in Phase 2 bist, aber Dinge aus Phase 3, 4 oder 5 ausplauderst? Wenn du beim zweiten Date von deinen Mietschulden erzählst? Du wirkst befremdlich und distanzlos und erntest ein Nein. Schade!

Verschon andere beim Small Talk mit
Politik, Religion, deinen Problemen,
Krankheiten und mit Spezialthemen.

60. Tabus

Und was macht dich noch aus? Du glaubst nicht an Gott, verachtest Kommunisten, leidest unter deiner nie verwundenen Scheidung, verdienst 1834,59 Euro netto, hältst deinen Chef für einen Verbrecher, und dein Hautarzt kriegt seit Monaten das hässliche Furunkel nicht weg? »Stopp!«, sagen da Anstand und Stil. Du bewegst dich auf Tabu-Glatteis und sorgst damit für ein Nein nach dem anderen. Ideologien, Religion, Geld, Krankheiten – das ist nun wirklich nichts fürs unbefangene Kennenlernen. Deine Probleme solltest du besser lösen, deine Vorurteile überdenken. Und du solltest vielleicht schauen, dass du deine Krankheiten loswirst. Oder bist du einer der hoffnungslosen Fälle, deren Lebensinhalt darin besteht, über ihre Problemchen zu jammern statt sie zu lösen?

Ach ja, und dann bist du ja auch noch weltweit gefragter Experte für Spannbetonbrücken, Obstbaumbeschnitt und für den je nach Ebbe oder Flut unterschiedlichen Salzgehalt des Wassers im Wattenmeer – deine Lieblingsthemen, über die du wochenlang vor einem Millionenpublikum referieren könntest. Wie sexy sind wohl solche Spezialthemen fürs ungezwungene Miteinander?

Das Pulver des Angebers
ist schnell verschossen.
Stapel besser tief und
beeindrucke indirekt.

61. Tiefstapeln statt Angeberei

»Also kehre ich alles raus, was toll an mir ist«, schlägt Günter vor. Im Ansatz gut, denn du willst dich ja nicht kleiner machen, als du bist. Aber Achtung: Genau so wie bei dem dicken Auto, den fetten Klunkern und teuren Hobbys besteht Prahlhans-Gefahr! Auch deine Geschichten über Heldentaten können dir mehr schaden als nützen. Den Anschein, dass du nichts brauchst, dass du unabhängig und souverän bist, erweckst du nicht mit Angeberei, sondern mit Zurückhaltung und »Understatement« (Englisch für »Untertreibung«).

Sag also nicht prahlerisch: »Ich bin Chef eines Callcenters und unterdrücke 40 Leute!« Sondern antworte auf die Frage nach deinem Beruf zunächst allgemein: »Ich bin im Marketing.« Das Gespräch wird sowieso auf die Details kommen, und dann lässt du deine Orden und Verdienste nebenbei einfließen. Deine Botschaft lautet: »Ich muss meinen Erfolg nicht an die große Glocke hängen!« Und das bringst du am elegantesten zwischen den Zeilen rüber.

Außerdem: Wenn du dich an die Regeln hältst, hast du sowieso Erfolg. Warum solltest du also noch angeben müssen? Attraktiver macht es dich, wenn du das nicht brauchst.

Bevor du auf die Piste gehst,
vergegenwärtigst du dir
am besten noch einmal die
wichtigsten Regeln.

62. Auf die Plätze, fertig, los!

Kurze Zusammenfassung gefällig? Bitte schön!

Du bist gepflegt und sauber und deiner Umgebung entsprechend gekleidet. Du übst dich in Zurückhaltung – sowohl äußerlich als auch mit dem, was du sagst. Deine wichtigsten Botschaften verkündest du zwischen den Zeilen: Du brauchst nichts, hast niemanden und nichts nötig, bist unabhängig und selbstbestimmt. Du hast ein feines Näschen für Situationen und erkennst sofort an Signalen und Körpersprache, auf wen du positiv wirkst. Du weißt: Von jetzt auf gleich geht nichts. Du kennst die fünf Phasen der Nähe und wirst die Reihenfolge einhalten. Du rechnest mit sechs bis zwölf Stunden und brauchst ungefähr fünf Jas für den nächsten Schritt. Da du aber sowieso ans Ziel gelangen wirst, kannst du locker und ruhig bleiben und dadurch eine noch attraktivere Ausstrahlung erlangen. Du schaltest deinen Kopf aus, denkst mit dem Herzen und wirst auf diese Weise ganz leicht mit jemandem ungezwungen ins Gespräch kommen, auf den du positiv wirkst und der dir gefällt. Ihr sprecht miteinander wie gute Freunde. Du wirst Small Talk halten und dabei die Nähephasen beachten, durch die ihr euch bewegt. Da du nur Jas erntest, wird die Lawine von alleine rollen.

Geht's los, Günter? »Los geht's!«

Nur wenn du weißt,
was du willst,
weißt du, wo du es
finden kannst.

63. Die richtige Umgebung

Außer an der Supermarktkasse kannst du natürlich an vielen Orten den Traum-Schweinehund deines Lebens treffen. Und keine Angst – es wird mit der Zeit immer leichter. Die Supermarktkasse war sozusagen schon mal was für Fortgeschrittene. Denn wenn du an der Supermarktkasse eine Verabredung oder eine Handynummer ergatterst, wie erfolgreich bist du dann erst, wenn du alle Zeit der Welt hast? Sicher darfst du auch dann nicht trödeln: Ein bisschen Zug sollte ein Flirt schon haben – schließlich willst du nicht als trübe Tasse dastehen.

Erst geht es einmal darum, welches das beste Jagdrevier für dich ist. Und das kommt ganz darauf an. Auf dich nämlich. Denn nur wenn du ungefähr weißt, was du willst, weißt du auch, wo du es finden kannst. Dass du deinen Traum-Schweinehund beim Tanzen in einem lauten Club findest – kann sein. Aber es ist nur eine Möglichkeit unter vielen. Und du bekommst dort vielleicht einen Party-Schweinehund ab, der jedes Wochenende um die Häuser zieht. Willst du das?

Halte dich an den Grundsatz »Gleiches zieht Gleiches an«. Suchst du jemanden mit Bildung? Dann geh irgendwohin, wo gebildete Menschen sind. Suchst du einen Party-Schweinehund? Dann geh tanzen.

Do not kiss in the company.

Küss nicht im Unternehmen.

64. Vorsicht Minengefahr!

»Da schau ich doch einfach mal in meiner näheren Umgebung nach«, denkt Günter. Denn die Schweinehunde in seinem persönlichen Umfeld haben ja mit ihm ein paar Gemeinsamkeiten, sonst wären sie nicht in seinem persönlichen Umfeld. Außerdem sind Schweinehunde faul und träge und wollen es möglichst einfach haben. Die hübsche Sekretärin? Super, ihr kennt euch doch schon! Der freundliche Gabelstaplerfahrer? Mit dem machst du doch täglich deine Listen!

Vorsicht, hier lauern gefährliche Minen! Dass zwei Kollegen zu einem Pärchen werden, kommt zwar vor, aber die damit verbundenen Risiken sind ziemlich hoch. Nicht nur, dass der Ziel-Schweinehund vielleicht die eine oder andere pikante Delikatesse aus deinem Vorleben kennt. Sondern denk auch für den Fall mit, dass es schiefgeht! Dann könnt ihr nämlich kaum sagen: »Wir sehen uns jetzt nicht mehr so oft.« Der Job oder die Nachbarschaft oder der gemeinsame Freundeskreis zwingen euch vielleicht dazu, euch weiterhin zu ertragen. Und vor allem der Flurfunk in Unternehmen kann dir schnell das Image versauen. Du solltest wissen, welches Risiko du damit eingehst, wenn du in deiner näheren Umgebung flirtest. Willst du diese Risiken wirklich eingehen?

Flirte dort, wo keiner damit rechnet
und wo du Ruhe hast.

65 Gute Orte

Am besten sind Orte, an denen du fremde Schweinehunde triffst, die keinen Stress haben. Dann kannst du in Ruhe flirten. Noch besser sind Orte, an denen die Schweinehunde nicht ständig angegraben werden. Viele Fitness-Clubs sind deshalb nicht gut geeignet, weil baggernde Schweinehunde dort oft schon eine Plage sind.

Sehr gut sind Bibliotheken. Dort herrscht Ruhe, die meisten Schweinehunde haben Zeit, und du kannst Bildung und Interesse zeigen. »Das ist in Museen auch so«, denkt Günter, aber Vorsicht: In Museen vor allem in Großstädten tummeln sich viele Touristen. Sehr gut sind Strandbars im Sommer, denn dort ist die Atmosphäre meistens sehr entspannt. Baumärkte eignen sich hervorragend für ganz besondere Small Talks (»Wen willst du denn mit diesem Zwei-Komponenten-Kleber fangen?«). Außerdem sind alle Orte gut, an denen Menschen warten: Bushaltestellen, Bahnhöfe, Flughäfen, Waschsalons, Copyshops. Je gewöhnlicher und alltäglicher deine Flirt-Orte sind, desto weniger rechnen Schweinehunde mit einem Flirt, und umso besser sind deine Wettbewerbschancen.

Nutze die Magie bestimmter Orte,
um Begegnungen eine besondere
Bedeutung zu verleihen.

66. Magische Orte

Wie schön wäre ein Flirt bei Sonnenuntergang am Meer? Traumhaft? Manche Orte und Situationen sind magisch. Sie verbinden Menschen. Dazu gehören Sternenhimmel, Lagerfeuer, Weihnachtsmärkte, Dachterrassen, romantische Strände und Schiffe.

Versuch mal, eine Sensibilität für Orte zu entwickeln und dich dann dort aufzuhalten. Manche Orte strahlen Ruhe aus, manche Orte sogar Kraft. Du spürst es daran, dass dich diese Orte faszinieren. Dann faszinieren sie auch andere – und das kannst du nutzen. Wenn du jemanden an der Cheops-Pyramide kennenlernst, wird er dich kaum vergessen. Nutz das und pflanze dich an Orten wie dem sommerlichen Wiener Museumsquartier, dem Times Square und dem Eiffelturm ins Gedächtnis der Leute, die vielleicht auch aus deiner Heimat kommen. Gibt es magische Orte in deiner Nähe? Dann hin!

Es gibt auch ausgesprochen schlechte Orte zum Flirten. Sicher: Wenn dir an der Müllkippe des Recyclinghofes dein Traumchweinehund entgegenlächelt, lädst du ihn natürlich auf einen Kaffee an einem romantischeren Plätzchen ein. Nur würdest du bestimmt selbst keine Industriegebiete und Bahnhofsviertel zum Flirten aussuchen – du weißt ja inzwischen, dass du mit allem, was du tust, nur positive Gedanken und Gefühle wecken solltest.

Tagsüber zu flirten ist ungewöhnlich und funktioniert gar nicht so schlecht. Am besten flirtest du tagsüber an guten oder magischen Orten.

67. Tagsüber oder abends?

Und was ist besser – tagsüber oder abends flirten? »Na abends«, sagt Günter automatisch. Aber warum eigentlich? Nur weil er das so aus Filmen kennt? Überleg mal: Du brauchst sechs bis zwölf Stunden, um die Phasen der Nähe zu durchlaufen. Wie weit kommst du wohl, wenn du erst um 22.30 Uhr damit anfängst? Außerdem flirten abends doch alle!

Tagsüber zu flirten hat zwei Vorteile. Erstens: Nur wenige tun es – die meisten denken in dem Abend-Klischee. Folge: Du bist nicht von harter Konkurrenz umgeben wie abends im Club – und kannst in Ruhe deinen Plan umsetzen. Zweitens: Die Stimmung am Tage ist nicht so aufgeheizt wie am Abend. Weil flirten am Tage vielen ungewöhnlich scheint, wirkst du am Tage harmloser, als du vielleicht bist. Wenn du dich jemandem annäherst, klingeln die Alarmglocken nicht sofort und verkünden Baggergefahr. Sondern du fügst dich mit deiner harmlosen Erscheinung ganz einfach der harmlosen Stimmung eines hellen Tages. Der Tag ist nicht so verrucht wie die Nacht. Und das steigert deine Chancen, die ersten Phasen der Nähe schneller zu durchlaufen. Am besten an guten oder sogar magischen Orten!

Abends im Club beim Tanzen zu flirten ist der Klassiker. Du kannst kaum dein Gesicht verlieren, denn die meisten wollen sowieso das Eine. Leider nur ist es ein hart umkämpfter Markt.

68. Abends im Club

»Aber wenn es heißt: Hey komm, wir machen heute Abend Party?«, fragt Günter. Dann viel Spaß, Schweinehund! Du hast recht: Der Flirt abends im Club ist der Klassiker. Als Flirt-Experte solltest du den natürlich beherrschen! Dein Ziel sind nur eine Telefonnummer und eine Wiederverabredung. Mehr nicht. Wenn trotzdem mehr geschieht – na dann soll's eben sein. Selbstverständlich hast du deine Wohnung für alle Fälle vorher präpariert (wie, das kommt später).

Beim Tanzen im Club rechnen fast alle damit, ständig angegraben zu werden. Viele gehen nur zu diesem Zweck tanzen. Das hat zwei Folgen: Weil sowieso alle flirten, wirst du mit einem Flirt-Angriff niemanden vor den Kopf stoßen. Aber davor brauchst du ja keine Angst zu haben, denn wenn du dich an die Regeln hältst und keine Phasen der Nähe überspringst, gewinnst du ohnehin. Zweite Folge: Weil sowieso alle flirten, hast du mehr Konkurrenz als tagsüber in der Bibliothek.

Damit du auf diesem Markt bestehst, solltest du tun, was man auf einem lebhaften Markt eben tut: Wirf dich nicht gleich auf das Objekt deiner Begierde. Denn wenn du so leicht zu haben bist, senkt das deinen Preis – du wirst unattraktiv. Am besten schaust du dir erst mal die Konkurrenz an! Damit du weißt, gegen wen du antrittst.

Du hast Konkurrenz?
Schau sie dir an! Hast
du wirklich Konkurrenz?

69. Marktforschung

So ein tosender Club voller tanzender Schweinehunde ist eine prima Gelegenheit für Sozialstudien. Mit ein bisschen Beobachtungsgabe und Scharfsinn bekommst du schnell raus, welche Chancen du hast. Schau dich um: Wer ist da? Wer kommt für dich infrage? Ist überhaupt jemand Interessantes da, oder solltest du woanders hingehen? Wer ist mit wem hier? Wer gehört zu welcher Gruppe?

Und: Wer sind deine Konkurrenten? Wie sehen sie aus? Sehen sie gut aus? Sehen sie weniger gut aus? Wie treten sie auf? Wie gehen sie vor? Schau deinen Konkurrenten beim Flirten zu. Beachten sie die Dos und Don'ts? Überschreiten sie Distanzgrenzen? Wer zeigt an wem Interesse? Wie? Und wie reagieren andere darauf? Wo bahnt sich etwas an, wo haben sich schon zwei gefunden?

Wenn du die Tipps aus diesem Buch anwendest, wirst du schnell feststellen, dass du ganz gute Chancen hast. Denn die üblichen Fehler machst du nicht mehr! Sitzt jemand schüchtern in der Ecke und starrt? Keine Konkurrenz für dich! Kaut einer dem anderen ein Schweinehundeohr ab? Keine Konkurrenz für dich! Ignoriert jemand ein nonverbales Nein nach dem anderen? Trampel!

Sei »an« und schau
nach Leuten,
die auch »an« sind.
Geh nicht auf Leute zu,
die »aus« sind.

70. An oder aus?

Eine gute Möglichkeit, interessante von uninteressanten Schweinehunden zu unterscheiden, ist das An-aus-Spiel. Und das ist ganz einfach! Schau einfach die Leute an, die dir begegnen. Sind sie an oder aus?

Schweinehunde sind »an«, wenn sie mit ihrer Umwelt kommunizieren – sei es mit Worten, Gesten oder Blicken. Wer an ist, beobachtet die anderen und tauscht Signale aus. Das bedeutet Interesse an Kommunikation – du hast gute Chancen. Andere Schweinehunde sind »aus« und kommunizieren nicht. Sie reagieren nicht auf Blicke, weil sie sie vielleicht nicht einmal spüren. Sie sind im Gespräch mit einer Freundin oder einem Freund und grenzen sich nach außen ab, indem sie keine Bereitschaft zur Öffnung der kleinen Gruppe signalisieren. Oder aber sie hängen schweigend und konzentriert ihren Gedanken nach. Heißt: Finger weg.

Erinnerst du dich an die Reihenfolge schauen – lächeln – sprechen? Das wird dir mit jemandem, der »aus« ist, kaum gelingen. Macht nichts! Das liegt nicht an dir. Wer dagegen »an« ist, nimmt dich wahr und entscheidet, ob er dir Signale sendet oder nicht. Ein Blick, ein zufälliges Streifen – das sind Zeichen. Gibt dir jemand ein Zeichen? Das erste Ja! Erkenne darin die Aufforderung zum Handeln und geh behutsam in Richtung Nähephase 2! Wenn du fünf Jas hast, bist du dabei!

Achte auf deine
Ausstrahlung!
Zeige lächelnd
und kontaktfreudig
Selbstbewusstsein
und Humor.

71. Deine Ausstrahlung

Und du selbst? Stell dir vor, wie die anderen dich bei ihrer Marktforschung sehen. Was stellst du dar? Günter überlegt. »Einen schüchternen Anfänger mit einem Flirt-Ratgeber in der Hand?« Aber nein! Natürlich hast du alle wichtigen Tipps aus diesem Buch inzwischen auswendig drauf. Du bist natürlich »an«! Und wirkst ...

a. ... freundlich: Du schaust nicht griesgrämig drein und grinst nicht wie verrückt, sondern wählst die Mitte. Du setzt ein leichtes und gewinnendes Lächeln auf.
b. ... offen: Du weichst keinen Blicken aus, sondern schaust die anderen an, blickst nach einer Sekunde auf gleicher Höhe zur Seite und kommunizierst mit allen unabhängig vom Flirten – beim Vorübergehen (»Entschuldigung, darf ich mal bitte?«) oder an der Bar (»Wie heißt denn dein Drink? Ist der gut?«).
c. ... humorvoll: Du bist jedem gegenüber für einen freundlichen Scherz zu haben.
d. ... verbindlich: Du bist Gesprächspartnern hundertprozentig zugewandt – die anderen bemerken das! Wer mag es schon, wenn du leicht ablenkbar bist?
e. ... souverän: Du signalisierst Selbstbewusstsein, indem du nicht jedem hübschen Schweinehündchen hinterherstarrst. Du bist unabhängig und siegessicher.

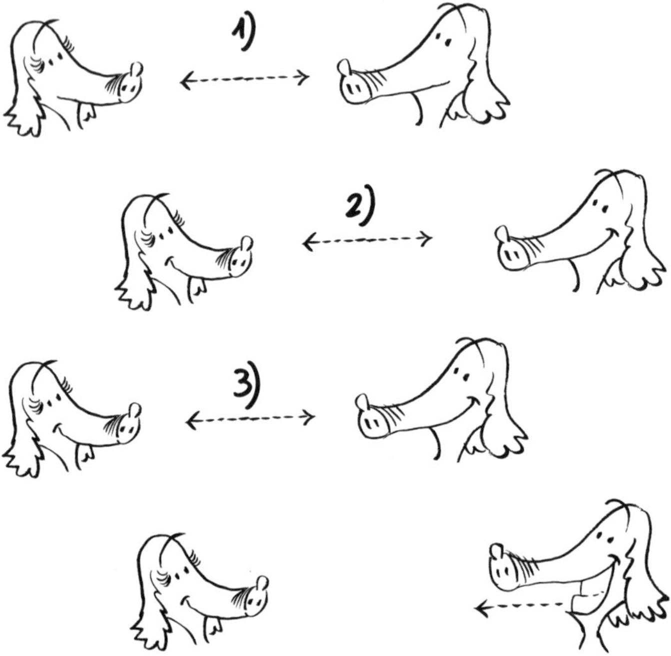

Drei Mal sollten sich eure Blicke treffen. Spätestens beim dritten Mal solltest du lächeln. Erst nach dem Lächeln solltest du den anderen ansprechen. Reagierst du zu spät, wirkst du verklemmt.

72. Augenblicke

Du hast deinen Zielschweinehund gefunden, und weil er »an« ist, merkt er, dass du da bist. Eure Blicke kreuzen sich zum ersten Mal. Was jetzt? Falsch: starren, starren, starren. Richtig: nach spätestens drei Sekunden kurz wegschauen. Schau am besten nicht nach oben weg, das empfindet der andere Schweinehund vielleicht als Überlegenheitsgeste. Schau besser auf Augenhöhe weg oder senke den Blick leicht. Das signalisiert ihm: keine Gefahr! Nach einer Weile wiederholst du den Blick mit einem Lächeln, wenn du merkst, dass der andere den Blickkontakt auch sucht. Wenn er das nicht tut, setzt du eine Runde aus und versuchst es später noch mal. Bevor du den anderen ansprichst, sollten sich eure Blicke höchstens drei Mal gekreuzt haben, spätestens beim letzten Mal lächelnd. Schließlich wollen sich Schweinehunde langsam an die Überwindung einer Nähephase gewöhnen!

Steht dein Zielschweinehund in deiner unmittelbaren Nähe, solltest du ihn spätestens nach dem dritten Blick oder nach dem ersten Lächeln ansprechen – alles andere würde verklemmt wirken. »Aber was, wenn der andere weiter weg ist und ich ihn nicht gleich ansprechen kann?«, fragt Günter. Gute Frage – dafür brauchst du eine ganz besondere psychologische Strategie.

Geh nie frontal auf jemanden zu. Komm wie zufällig von der Seite und stell eine gemeinsame Blickrichtung her.

73. Der indirekte Angriff

Also was tun, Günter? Du hast drei Ja-Signale erhalten – ihr habt euch drei Mal angesehen und zuletzt sogar gelächelt. Der andere steht weiter weg. Was jetzt? »Na ich geh auf den anderen zu und tüte die Sache ein!«, schlägt Günter vor. Vorsicht – du könntest dir ein riesiges Nein einhandeln. Überleg mal: Wie fühlst du dich, wenn jemand direkt auf dich zu marschiert? »Hm«, brummt Günter.

Für fünf Meter brauchst du bei raschem Schritt drei bis fünf Sekunden. Wo schaust du in der Zeit hin? Deinem Zielschweinehund in die Augen? Dann wird er sich angegriffen fühlen: Huch, was kommt jetzt? Und da dein Angriff für alle sichtbar ist, wird dir der andere erst einmal ein klares Distanz-Signal verpassen Marke »So leicht nicht!«. Oder schaust du dabei weg? Besser nicht: Das kann als Missachtung ankommen. Günter überlegt: »Dann ist der direkte Angriff also verboten?« Genau!

Nähere dich nie frontal jemandem an, sondern immer nur wie zufällig von der Seite. Allerdings nicht so, dass du auf seine Schulter zugehst, das wäre fast so ungeschickt wie hinterrücks. Schau, dass ihr eine gemeinsame Blickrichtung habt.

Komplimente dürfen frech sein, wenn sie brav der aktuellen Nähephase entsprechen. Ansonsten verletzen sie die Distanz – und du erntest wahrscheinlich ein Nein.

74. Dezente Komplimente

Und, sitzen die ersten Worte, Günter? Wie an der Supermarktkasse weißt du natürlich auch tags in der Bibliothek und nachts im Club, dass du am besten locker auf die Situation eingehst, die sich dir bietet: »Das Buch hier ist glaube ich was für dich« oder »Auf welchen Titel willst du tanzen? Komm, wir fragen den DJ, ob er ihn auflegt!«. Der Inhalt spielt keine Rolle: Wenn der andere Schweinehund dich mag, kommt er auch dann mit zum DJ, wenn die Musik gerade gar nicht sooo schlecht ist.

Übrigens: Vorsicht bei zu deutlichen Komplimenten – etwa über bestimmte begeisternde Körperteile! Denn erstens würde so ein indiskretes Kompliment die Distanz verletzen (ihr seid gerade erst zu Phase 2 übergegangen), und zweitens bekommen Schweinehunde mit besonders hübschen Attributen dafür meistens immer die gleichen Komplimente. Sei anders und wahre die Distanz – das macht dich attraktiver als die anderen.

Angemessene Komplimente zielen auf den Geschmack, auf die Stimme, auf Schmuck oder auf die Ausstrahlung. Sie dürfen ruhig auch ein bisschen frech sein: »Mit diesen Klamotten wagst du dich hier rein? Respekt!« – wenn du den Angriff gleich mit einem charmanten Lächeln auffängst.

Genauso wie man vor dir keine Angst haben muss, musst du vor niemandem Angst haben. Und weil Gruppen nur aus Einzelnen bestehen, brauchst du auch vor Gruppen keine Angst zu haben.

75. Huch, eine fremde Gruppe!

»Was aber, wenn der andere mit einer Gruppe unterwegs ist?«, fragt Günter schüchtern. Aber Herr Schweinehund! Du wirst doch nicht etwa Angst vor dem haben, was die Leute von dir denken? Weißt du nicht, dass du vor Gruppen gar keine Angst haben musst? »Aber warum denn?«, fragt Günter. »Es schauen mich doch alle mit großen Augen an!«

Lust auf ein Gedankenexperiment? Wechsel einfach die Perspektive! Stell dir vor, du bist in einer Gruppe unterwegs. Und die Isabell aus eurer Gruppe gefällt dem Typen da drüben so gut, dass er sie irgendwann anspricht. Was denkst du? Was denkt deine Gruppe? »Halb so wild«, sagt Günter. Siehst du! Die anderen Schweinehunde schauen vielleicht nicht einmal komisch. Und weißt du, warum? Ganz einfach: Weil es Gruppen eigentlich gar nicht gibt. »Wie bitte?«, fragt Günter. Doch, im Ernst! Du hast den Typen, der die Isabell angesprochen hat, alleine mit deinen eigenen zwei Augen gesehen und nicht mit zwölf Augen. Du warst du und keine Masse. Und wenn du auf eine Gruppe zugehst, sieht dich auch keine erdrückende Gruppe, sondern nur lauter harmlose Einzelne sehen dich.

Um in Gruppen einzudringen,
solltest du den Boss der
Gruppe in Sicherheit wiegen.

76. Wer ist der Boss?

»Aber Moment mal«, sagt Günter zögernd. »Wenn ich einfach so eine Gruppe sprenge und anfange zu flirten, dann gibt das doch Ärger!« Tja, das kann sein. Ärger kann es geben, wenn Schweinehunde Distanzgrenzen verletzen oder in fremden Territorien unverschämte Ansprüche stellen. Damit du solchen Ärger nicht bekommst, solltest du ein wenig geschickter vorgehen.

Fast jede Gruppe hat einen Boss. Das sogenannte Alphatier. Wer hat in der Gruppe das Sagen? Wer ist der Meinungsführer, der Entscheider? Das solltest du herausfinden, bevor du eine Gruppe knackst. Stell dir vor, du näherst dich einer fremden Gruppe, die aus Achim, Brigitte, Claudia, Doris, Ewald und Frank besteht. Scharf bist du auf Doris. Nach wenigen Minuten Beobachtung weißt du: Achim ist der Boss. Wenn du jetzt Doris ansprichst, könnte es Ärger mit Achim geben. Darum solltest du nicht Doris ansprechen, sondern Achim! Sprich ihn an wie einen Kumpel und gib ihm genug Zeichen, dass er ein toller Kerl ist. So kommst du wie durch Zufall und ohne jeden Ärger mit der Zeit auch mit Doris ins Gespräch.

Übrigens: Wer der Boss ist, hängt nicht vom Geschlecht ab. Wenn du dich unter Jungs umschaust, wählst du den Weg über das Alpha-Mädchen. Mädchen machen auch nicht weniger Ärger, wenn du ihnen dumm kommst!

Um möglichst unverfänglich an deine Zielperson heranzukommen, sprichst du einen Mitläufer an.

77. Wer ist der Mitläufer?

Jetzt weißt du, dass ein direkter Angriff zu deutlich wirken könnte. Wenn du auf Doris scharf bist und dieses Buch bisher aufmerksam gelesen hast, dann weißt du, dass du auf Doris möglichst harmlos wirken solltest. Sie soll von dir denken, du bist keine Gefahr! Damit Doris das denkt, startest du ein Ausweichmanöver.

So wie es in Gruppen einen Boss gibt, gibt es auch Mitläufer – meist unscheinbare Schweinehunde, die ihren Freunden blind folgen. In unserer Beispielgruppe ist das Brigitte. Brigittes Persönlichkeit und ihr Äußeres sind nicht so interessant wie die beeindruckende Doris. Aber Brigitte hilft dir, möglichst nah an Doris heranzukommen. Du sprichst nämlich nicht Doris an, sondern Brigitte. Wenn du mit Doris bisher den einen oder anderen Blick gewechselt hast, dann wirkt deine Bemühung um Brigitte ungefähr so, wie wenn du einer Katze ihr Spielzeug wegnimmst: Doris wird sauer! Folge: Du wirst für Doris interessant. Denn sie denkt: »Warum spricht er denn nicht mit mir?« Dein charmanter Small Talk, den du inzwischen perfekt beherrschst, schmeichelt Brigitte, und das sieht Doris ganz genau. Weil Doris aber auch geschmeichelt werden will, kommt sie bald von ganz alleine auf dich zu, um dich kennenzulernen. Wie eine Katze, die spielen will. Sorry, Brigitte ...

In gesunde Beziehungen kann
man nicht einbrechen.
Also keine moralischen Skrupel!

78. Beziehungen und Moral

»Und wenn Achim aber der Freund von Doris ist?«, fragt Günter angsterfüllt und duckt sich schon mal, um keine Prügel einzustecken. Tja, auch dann hast du gar nichts zu befürchten. Denn natürlich hast du Achim schon längst deutlich signalisiert, dass du seine Beziehung zu Doris über alles respektierst! Da du eher mit Brigitte statt mit Doris schäkerst, kommen alle zu dem Schluss, dass du nichts von Doris willst und darum für beide nicht gefährlich bist. Je besser du das spielst, desto früher vertraut dir Achim seine Freundin für ein Wochenende an, an dem er verreist ist, damit du auf sie aufpasst …

»Nein, so was kann man doch nicht machen«, sagt Günter. »Das ist doch unmoralisch. Ich kann doch nicht in gesunde Beziehungen einbrechen.« Deine Moral in allen Ehren, Schweinehund. Aber eine Beziehung, in die du einbrechen kannst, ist nicht gesund. Wäre sie gesund, würden alle deine Annäherungsversuche wirkungslos abprallen. Das heißt: Wären Achim und Doris in einer gesunden Beziehung, wären deine Bemühungen ohnehin umsonst. Sehnt sich Doris aber nach etwas anderem als Achim, dann tut sie das auch ohne deine moralischen Bedenken – und notfalls ohne dich! Und wenn Doris dich will, dann geht alles seinen Gang – du bist moralisch auf der sicheren Seite.

Körbe sind Neins. Die richtige Reaktion auf ein Nein ist Rückzug. Du vermeidest Körbe, indem du keine Bekenntnisse verlangst.

79. Korb? Danke!

Hast du Lust, mal so richtig abzublitzen, Günter? »Was?«, zittert Günter. »Nein!« Denn abblitzen macht keinen Spaß. Körbe schüchtern manche Schweinehunde so ein, dass sie gar nichts mehr wagen. Und das ist eine Selbstbetrugsfalle! Denn erst mal ist ein Korb nur ein Nein. Ein Nein kann ein verstecktes Ja sein. Du kannst zum Beispiel einen Korb ernten, wenn du in einer Gruppe zu offen flirtest – auch wenn du deinem Zielschweinehund eigentlich gefällst. Es war dann dein Fehler, ihn vor aller Augen zu einem Bekenntnis zu zwingen – schließlich sollst du nur Ja-Straßen bauen. Und Jas bekommst du, wenn du niemanden in die Ecke drängst.

Oder ist der Korb ein echtes Nein? Dann frag dich ehrlich, ob du gegen Regeln verstoßen hast. Ja? Dann mach es das nächstes Mal besser. Nein? Dann kommst du vielleicht aus anderen Gründen nicht infrage. Na und? Schließlich willst du (hoffentlich) auch nicht alle haben. Erinnerst du dich noch an die richtige Reaktion auf ein Nein? »Einen Schritt zurückgehen«, sagt Günter. Richtig! Wer dich will, kommt schon noch auf dich zu. Außerdem kannst du Körbe sportlich sehen: Je weniger Schlaglöcher du in deine Ja-Straßen baust, desto weniger Körbe bekommst du. Also trainiere mehr!

Wenn dich jemand will:
Ruhe bewahren. Sei
unkompliziert und locker.
Gib zu verstehen:
Alles kann, nichts muss.

80. Kein Korb? Isolation!

»Hm ...«, brummt Günter nervös. Was ist denn? Warum so aufgeregt? Günter geistert da etwas im Kopf herum, was noch viel schlimmer ist als ein Korb. »Hm ... Was passiert denn, wenn ich keinen Korb bekomme?« Günter wird ganz rot. Dein Zielschweinehund will dich! Tja, dann gilt das, was in brenzligen Situationen sonst auch gilt: Ruhe bewahren ist erste Schweinehundepflicht. Das ist wichtig, denn dein Gegenüber ist bestimmt genauso aufgeregt wie du. Jetzt solltest du locker bleiben und Gelassenheit ausstrahlen. Ganz wichtig ist auch: Keine Argumente mehr! Versuch nicht mehr, deinen Zielschweinehund rumzukriegen. Sei einfach nur der unkomplizierte Partner und signalisiere, dass kein Zeitdruck besteht. Du solltest mit deiner Körpersprache ausstrahlen: Alles kann, nichts muss. Stress ist verboten!

Und dann schau nach einem ruhigen Plätzchen. »Komm, ich zeig dir was!« ist gut, wenn ihr unter euch sein wollt. Und denk daran: Je öfter du am Abend den Ort wechselst, desto schneller entsteht das Gefühl der Vertrautheit – je mehr Unterschiedliches man miteinander erlebt, desto besser kennt man sich schließlich.

Bereite Zärtlichkeit vor, indem
du unerotische Berührungen
als selbstverständlich darstellst.

81. Wie wird man zärtlich?

Du hast das Ziel deiner Begierde in Phase 1 (gesellschaftliche Nähe) erkannt und bist – vielleicht über einen Umweg – mit ihm ins Gespräch gekommen (Phase 2). Das ist dir leicht gefallen, weil Phase 2 nichts Anrüchiges hat. Aus der persönlichen wurde vertrauliche Nähe (Phase 3) – ganz normal, wenn Schweinehunde sich kennenlernen. Alles lief prima, weil du es nicht sichtbar auf Phase 4 oder 5 angelegt hast und darum auch kein Nein bekamst. Doch nach 3 kommt 4. Was jetzt?

Was die zärtliche Nähe von den vorigen Phasen unterscheidet, sind zärtliche Worte und zärtliche Berührungen. Der Übergang zu den zärtlichen Worten ist leicht – schließlich hast du schon in den Phasen 2 und 3 durch eleganten Small Talk den Teppich dafür verlegt. Und so, wie du jemanden auf zärtliche Worte einstimmen kannst, kannst du ihn auf zärtliche Berührungen einstimmen. Und zwar, indem du deinen Zielschweinehund schon in Phase 3 ab und zu leicht berührst. Ein Tippen auf die Schulter, die Hand reichen beim Klettern – Schweinehunde gewöhnen sich schnell an solche unerotischen Berührungen. Und dann machst du aus so einer unverfänglichen Berührung einfach eine zärtliche! Weicht der andere zurück, ist das ein Nein – du weißt ja, was du dann zu tun hast. Erwidert er die Berührung, ist es ein Ja! Dann genieße Phase 4 – sie verdient es ebenso wie Phase 5. Keine Hektik!

Zu dir oder zu mir? Wer jemanden mit nach Hause nimmt, hat die Regie über das Geschehen und kann nicht so einfach fliehen. Jemanden einzuladen ist daher ein Vertrauensbeweis.

82. Zu dir oder zu mir?

Es gibt kaum eine Situation zwischen Schweinehunden, die öfter im Kino zu sehen ist als das gute alte »Zu dir oder zu mir?«. Auch wenn es oft anders klingt. »Was tun mit dem angebrochenen Abend?«, »Wollen wir noch irgendwo hingehen?«, »Was hast du noch vor?«: Alles faustdicke Jas, heiße Wünsche nach mehr. Wenn du dieses Buch aufmerksam gelesen hast, überhörst du diese Jas nicht mehr. Und du wirst statt des plumpen »Zu dir oder zu mir?« eine dieser eleganten Formulierungen wählen, weil du weißt, wie schön es ist, Geschenke auszupacken.

»Und wohin jetzt?«, fragt Günter. Nun, wo ihr landet, ist eine Frage der Strategie. Geht ihr zu dir, bist du auf vertrautem Terrain und verantwortlich dafür, dass der andere sich wohl fühlt. (Und natürlich ist deine Wohnung für den Fall präpariert, damit nichts schiefgeht! Dazu gleich mehr.) Weil deine Wohnung viel über dich sagt, verrätst du einiges über dich, wenn ihr bei dir seid. Geht ihr dagegen zu deiner neuen Bekanntschaft, hat sie die Regie, und du erfährst eine Menge über sie.

Im Grunde ist es egal, wohin ihr geht. Wenn du dir mit deiner neuen Bekanntschaft nicht so sicher bist, geht ihr am besten zu ihr. Dann kannst du im Notfall fliehen.

Beim ersten Date zu Hause keine Kerzen, keine Kuschelmusik. Schau, dass deine Wohnung schöne sinnliche Eindrücke bietet, die dir Stil und Geschmack bescheinigen.

83. Keine Kerzen!

»Au ja, da machen wir es uns so richtig gemütlich«, flötet Günter. »Her mit den Kerzen, dem guten Rotwein und den Kuschel-CDs!« Zu viel des Guten, Herr Schweinehundverführer. Was soll deine neue Bekanntschaft denn denken, wenn sie so eine Inszenierung sieht? Dass du jeden Abend jemand anderes da hast? Lass die Kerzen im Schrank! Kerzen sind nämlich nicht nur Kerzen, sondern auch die schlecht versteckte Botschaft »Sex jetzt!«. Erst wenn es schon zum Äußersten kam, solltest du zu solchen Requisiten greifen. Beim ersten Mal kann dir die Botschaft hinter den Kerzen ein schmerzvolles Nein bescheren, und du trinkst deinen guten Rotwein bei verträumter Kuschelmusik sehnsüchtig alleine. Zu gefährlich!

Achte lieber auf viele angenehme sinnliche Eindrücke in deiner Wohnung. Ist deine Wohnung schön, und strahlt sie Ruhe aus? Fällt der Blick deines Besuches nicht auf alte Socken, sondern auf spannende Bücher und schöne Bilder? Beweist du mit deiner Umgebung Stil und Geschmack? Das ist besser als tausend Kerzen!

Deine gepflegte Wohnung wirkt auf andere wie deine gepflegte Kleidung. Sei jederzeit für Besuch präpariert. Einige exquisite Kleinigkeiten zum Essen und Trinken sollten vorrätig sein.

84. Dein Zuhause

Und natürlich sollte deine Wohnung aufgeräumt und geputzt sein. Finde ein angenehmes Mittelmaß zwischen übersichtlicher Ordnung und lebendigem Durcheinander. Wenn du Kissen Kante auf Kante legst, sieht das nach militärischem Drill aus. Stapeln sich die verstaubten Zeitschriften neben der Toilette anderthalb Meter hoch, wirkst du wie ein schmuddeliger Messie. Finde die Mitte! Deine Wohnung sollte aufgeräumt und staubfrei und zugleich sichtbar in Gebrauch sein. Ein paar Regeln für bestimmte Räume:

a. Küche: Boden gewischt, Geschirr gespült. Vorrätig sind etwa frisches Brot, ein wenig italienische Feinkost, Prosecco, Orangensaft, frische Milch.
b. Wohnzimmer: aufgeräumt und nicht zu voll. Das Wohnzimmer sollte deine Interessen widerspiegeln (Bilder, Gegenstände). Musik leise, entspannt und zeitgemäß, empfehlenswert sind Chillout-CDs.
c. Badezimmer: Boden gewischt, Becken, WC und (Dusch-)Wanne geputzt, keine Toilettenartikel voriger Besuche, frische Zahnbürste, hochwertige Parfums.
d. Schlafzimmer: Raum gelüftet, Bett frisch bezogen und gemacht, intime Requisiten unsichtbar verstaut, Kleider nicht haufenweise in der Ecke.

Geht es um mehr als nur Sex,
ist der erste Abend eine Generalprobe.
Zeig, dass du locker bist!

85. Ein schöner Abend zu zweit

Deine Wohnung ist aufgeräumt und sauber, alle Spuren voriger Besuche sind beseitigt, der Kühlschrank ist bestückt, gute Musik läuft. Jetzt sei ein guter Gastgeber! Auch wenn ihr schon bei dir seid, wird deine Wohnung nicht plötzlich zum Stundenhotel. Nur wenn auch dein Besuch dir gleich die Kleider vom Leib reißen würde, spricht nichts gegen die schnelle Nummer.

Wenn es euch aber um mehr geht als nur um Sex, ist der erste Abend zu zweit so etwas wie eine Generalprobe fürs Zusammensein. Bist du ungeduldig und willst nur das Eine? Das könnte ein Nein zur Folge haben und das absolute Aus. Bist du charmant und sorgst dich um das Wohl deiner neuen Bekanntschaft? Dann wird es ein angenehmer Abend zu zweit. Beschließt ihr gemeinsam, Phase 5 zu knacken (wieder am besten durch den fließenden Übergang von zärtlichen zu begehrlichen Berührungen), ist das prima. Wenn aber nichts von dem geschieht, was du erhofft hast: Keine Panik! Du hast es bis hierher geschafft, dann wirst du es auch noch weiter schaffen. Dein erstes Ziel war eine Handynummer, erinnerst du dich? Wenn du dir kein Nein einhandelst, seid ihr sowieso bald in Phase 5. Das wirst du doch jetzt nicht mit Ungeduld zerstören!

Versuch, keine Erwartungen zu haben und die Gefühle des anderen nicht zu verletzen. Alles kann, nichts muss.

86. Ein Schweinehund für eine Nacht?

Überhaupt solltest du vielleicht an das erste Date zu Hause keine allzu hohen Erwartungen stellen. Erwartungen sind Vorstellungen von dem, was du dir wünschst. Je mehr Erwartungen du hast, desto leichter bist du enttäuscht! Am besten bist du einfach ganz offen und respektierst alles, was geschieht, ganz ohne Druck zu machen. Und wenn du doch mal einen kleinen Schritt zu weit gegangen bist und dir ein Nein einhandelst, reagierst du wieder so, wie du es bei Neins inzwischen tust: Du gehst einen Schritt zurück und entschuldigst dich vielleicht sogar kurz für die Distanzverletzung.

Außerdem ist die Frage »Sex oder nicht?« wichtig, wenn es um Gefühle geht. Denn für Sex gibt es zwei Motive: Lust und Liebe. Wollen beide Sex aus Lust, ist das wunderbar. Wollen beide Sex aus Liebe, ist das auch wunderbar. Vorsicht aber, wenn nur der eine Liebe empfindet! Im schlimmsten Fall bleibt er verletzt auf der Strecke. So mancher Verliebte hat schon Sex gemacht, um im anderen die Liebe zu entflammen. Auch wenn er sagt, es gehe ihm nur um Lust: In Wahrheit will er deine Nähe, weil er dich liebt, und er will den Sex mit dir in einer harmonischen Liebesbeziehung erleben. Achte darauf, deine und die Gefühle des anderen zu schützen. Wenn du nicht verliebt bist, kann es edel sein, auf Sex zu verzichten.

Will dein Gast gehen,
lass ihn gehen. Wenn
nichts läuft und der
Gast über Nacht bleibt,
dann im Gästebett.

87. »Ich will nach Hause!«

Wenn nun irgendwie nichts läuft, denkt Günter sich vielleicht: »Warum immer nur die langweilige Phase 4? Wann geht's denn endlich weiter?« Durch deine Strategie der Berührungen bietest du deiner neuen Flamme ja an, in Richtung Phase 5 zu gehen, und da sie das genau versteht, brauchst du gar nicht deutlicher zu werden.

Möglicherweise will der andere Schweinehund gar nicht Nein sagen, sondern bekommt es einfach mit der Angst zu tun: Was wird geschehen? Wie verbindlich bist du? Wie ernst meinst du es? Am besten reagierst du auf diese Zurückhaltung beruhigend und lässt los. Und will dein Gast nach Hause – dann lass ihn gehen! Oft ist der Spruch »Ich sollte jetzt mal langsam ...« auch nur ein Test, ob du loslassen kannst, und an der Wohnungstür beim Abschied beginnt das wilde Geknutsche.

Ach ja – was tust du, wenn der letzte Bus weg ist und dein Gast über Nacht bleibt? »Dann ran an die Buletten!«, jubelt Günter. Stopp! Eben nicht. Wenn noch nichts gelaufen ist, bietest du deinem Gast Gästebett oder Sofa an und hältst dich daran. So manche Hormondusche hat schon so manche Romanze im Keim erstickt ...

Nachhaken kannst du schon am Nachmittag des nächsten Tages. Wiederverabredungen an neutralen Orten sind nie ein Fehler.

88. Wann nachhaken?

Geht dein Gast wirklich, dann ist das auch in Ordnung. Wenn du irgendetwas falsch gemacht hast, solltest du es herausfinden und beim nächsten Mal richtig machen. Es kann auch sein, dass der andere Schweinehund einfach nur die neuen Gedanken, Gefühle und Eindrücke sacken lassen will. Genauso wie dir manche Dinge durch den Kopf gehen, gehen ihm manche Dinge durch den Kopf.

»Und wann rufe ich an?«, fragt Günter. Tja – da gibt es keine Regel. Manche Schweinehunde schwören zwar darauf, nie am nächsten Tag anzurufen, weil das angeblich zu gierig wirkt. Aber vielleicht wartet da ja jemand auf ein Zeichen von dir? Es ist wohl nie falsch, am Nachmittag oder Abend des nächsten Tages anzurufen und zu fragen, wie es geht ...

Und schlau ist es natürlich, wenn du dich gleich wieder verabredest! Ist der Vorabend nicht ganz so geglückt zu Ende gegangen, wählst du wie beim ersten Kennenlernen wieder einen neutralen Ort. Am besten etwas, wo du sowieso hinwolltest – zum Beispiel eine Ausstellung. Damit signalisierst du, dass du am anderen persönlich interessiert bist und nicht nur an das Geturtel anknüpfen willst, das gestern in die Hose gegangen ist.

Vorsicht bei Single-Partys: Die Konkurrenz ist härter, und die Leute sind nicht so interessant wie auf den Partys, die du eigentlich gut findest.

89. Single-Partys

Günter will natürlich alles schnell und gleich und jetzt. »Gibt es nicht Single-Partys, wo man gleich jemanden findet, und es passt?« Ein richtiger Gedanke, Schweinehund. Denn die Absichten auf solchen Partys sind klar. Allerdings haben Single-Partys zwei Haken. »Welche denn?«, fragt Günter erstaunt.

Erstens: Die Konkurrenz ist härter. Wer auf Single-Partys geht, will flirten. Wo hast du die besten Chancen, wenn du flirten willst? »In der Bibliothek«, sagt Günter. Gut gemerkt! Entsprechend hart ist der Liebesmarkt auf Single-Partys – was oft gegen Abend obszön und unappetitlich werden kann. Dabei bleiben am Schluss nicht nur die Unattraktiven übrig, sondern auch die Anspruchsvollen! Das Mittelfeld findet sich.

Zweitens: Die Leute sind weniger interessant. »Warum?«, fragt sich Günter verwundert. Ganz einfach: Es gibt sehr viele ganz unterschiedliche Partys überall. Je nach deinem Geschmack suchst du dir deine Party aus – und andere nach ihrem Geschmack. Also findest du auf deinen Partys wahrscheinlich auch einen Schweinehund, der genau zu dir passt. Aber Single-Partys gibt es viel weniger! Und die Auswahl ist dort ungefähr so präzise wie in der Fußgängerzone. Darum musst du nach denen, die dich interessieren, mit Steckbrief-Zetteln fahnden. Günter staunt: »Zettel?« Doch, das gibt es auf Single-Partys wirklich! Lass es besser sein …

Flirten im Internet ist zeitraubend
und manchmal ärgerlich.
Besser, du brauchst es gar nicht.

90. Flirten im Internet

»Na dann geh ich ins Internet«, sagt Günter. »Flirten und gleichzeitig faul zu Hause sitzen – super!« Tja, warum nicht? Viele Pärchen haben sich schon im Internet gefunden. Magst du die Haken überhaupt hören, Günter? »Na erzähl schon.«

a. Single-Plattformen sind auch nur ein Querschnitt der Bevölkerung draußen. Warum nicht gleich raus? Du kannst es doch!
b. Je nach Plattform stößt du immer wieder auf gefälschte Profile von schwierigen Schweinehunden, die dumme Spielchen spielen. Du gewinnst Interesse, und am Ende zeigt sich, dass jemand ganz anderes dahintersteckt.
c. Viele Teilnehmer von Internet-Plattformen klagen über eine Flut von Anfragen und können vielleicht deine, die alles entscheidende Anfrage, nicht erkennen.
d. Bei Single-Plattformen kommunizierst du erst mal nur mit Textnachrichten. Dabei nimmst du viel weniger vom anderen wahr als durch persönliche Worte.

Dein Profil im Internet sollte viel von dir sagen und ein paar Fragen zum Einhaken offen lassen. Verschwende deine Zeit nicht mit denen, die Flirt-Plattformen für ihre Werbung missbrauchen.

91. Günters Profil

»Aber warum nicht auch aus dem Internet mitnehmen, was anbeißt?«, fragt Günter. Na gut! Damit du einigermaßen schnell mit anderen Schweinehunden in Kontakt kommst, genügt ein gutes Profil. Was du dazu brauchst:

a. ein schönes Porträt-Foto, auf dem du lächelst und aufgeschlossen wirkst.
b. weitere Fotos, die dich deutlich erkennbar und scharf zeigen. Es müssen keine gestellten Fotos vom Fotografen sein – besser sind Fotos vom Urlaub, von Partys, vom Sport oder aus alltäglichen Situationen.
c. gewinnende Merkmale, die deine Persönlichkeit ausmachen (»eigenständig«, »unternehmungslustig«, »Hobbykoch«).

Lass einige naheliegende Fragen offen, damit andere dich leichter ansprechen können (»Wie heißt denn dein Hund?«, »Was machst du denn als Selbstständiger?«, »Wo hast du denn das Foto mit der Klippe gemacht?«).

Ist dein Foto ansprechend, werden dir Singles schreiben. Doch Vorsicht: Reagiere nur auf Anfragen, die eindeutig dich meinen. Oft kommen die gleichen Texte von ganz verschiedenen Profilen (»Ich sitze am PC einer Freundin und dachte, ich schreib dir mal.«) – sie wollen dich auf andere Internetseiten locken und Tausende andere bekommen dieselbe Nachricht. Typisch Internet!

Die Regeln für gutes Flirten gelten auch im Internet. Sprich andere im Internet genauso an, wie du sie in der Bibliothek ansprechen würdest.

92. Niemand ist virtuell

Von den gefälschten Profilen einmal abgesehen – hinter Profilen in Single-Plattformen stecken Menschen wie du. Nur weil das Internet ein neuer Kommunikationskanal ist, sind die Leute, die es nutzen, nicht virtuell. Wenn du im Internet aktiv werden willst, solltest du darum so tun, als wärst du in der Bibliothek (nicht im Club! Nur die wenigsten Schweinehunde sitzen bei lauter Musik ausgelassen, tanzend und betrunken vor dem Rechner).

Viele Flirter schreiben nichtssagende Mails (»Na, wie geht's?«) oder kommen zu schnell zur Sache (»Hey, wie wär's mit uns beiden?«). Würdest du so jemanden in der Bibliothek ansprechen? »Natürlich nicht«, sagt Günter. Genau! Das kannst du nämlich inzwischen besser! Um nicht zu der nervenden Masse zu gehören, solltest du in deiner ersten Mail etwas Konkretes ansprechen, was sich aus Profil oder Fotos ergibt (»Wann warst du denn in New York?«) und dich dabei natürlich an die Flirt-Regeln aus diesem Buch halten. Du bist beim Übergang von Phase 1 zu 2 – egal ob live oder im Netz. Halt dich dran und verletze keine Distanzgrenzen.

Kommuniziere immer so, dass du Anker wirfst.

Wirft dir jemand keinen Anker zu, dann ist das ein Nein.

Löse Probleme immer am Telefon oder persönlich.

93. Anker werfen

Dass du so kommunizierst wie in der Bibliothek, gilt übrigens auch für alle anderen Arten elektronischer Kommunikation – egal ob synchron, also zeitgleich (telefonieren), oder asynchron, also zeitversetzt (E-Mail, SMS). Schreib und sprich nur Dinge, die du dem anderen auch ins Gesicht sagen würdest.

Wichtig ist es, die Kommunikation am Laufen zu halten. Das tust du, indem du sogenannte »Anker« wirfst. Ein Anker ist ein rhetorisches Ja-Angebot am Ende einer SMS, einer E-Mail oder eines Satzes: »Wenn du willst, gehen wir da hin?« – »Au ja.« Gut, wenn der andere auch einen Anker wirft: »Wann treffen wir uns?«

Wenn jemand die Kommunikation beendet, kann das ein Nein sein. Das solltest du erkennen – und dich dann vielleicht nicht mehr mit demjenigen herumärgern: »Wenn du willst, gehen wir da hin?« – »Mal sehen.« Der andere wirft dir keinen Anker zu. Heißt für dich wie bei jedem Nein: einen Schritt zurück. Lauf nie jemandem hinterher, der Nein sagt!

Ach ja, hier noch zwei wichtige Tipps: Wenn du eine E-Mail oder SMS schreibst – erwarte nicht, dass der andere sofort antwortet. Es ist kein Zeichen von Geringschätzung, wenn er erst später antwortet. Und löse schwierige Situationen nie per SMS oder E-Mail, sondern persönlich oder am Telefon.

Beziehungen leben, wenn du sie immer wieder mit neuen sinnlichen Eindrücken fütterst, die deinem Partner zeigen, dass du ihn liebst.

94. Die Parkuhr füttern

Günter freut sich. Er hat eine Menge erfahren, wie er es anstellt, nicht mehr alleine zu sein. Wenn er es richtig anstellt, hat er in null Komma nix einen Partner! Ist das nicht schön? »Doch«, schwärmt Günter. »Ganz tolle Sache!« Und was passiert, wenn du deinen Partner hast? »Na dann auf zum Sonnenuntergang zum Knutschen!« Genau – ihr solltet das Leben genießen. Das ist besonders toll, wenn man so richtig verliebt ist. Aber je länger man zusammen ist, desto mehr wird die Liebe zur Kunst. »Und wie geht das?«, fragt Günter. Eigentlich ist es ganz einfach! Stell dir vor, Schweinehunde sind Parkuhren. Parkuhren wollen nicht auf einmal eine Million Euro. Sondern sie wollen heute 50 Cent, morgen 1 Euro, übermorgen 20 Cent, ab und zu mal 2 Euro oder vielleicht auch mal 5 Euro. Beziehungen leben, wenn du sie mit sinnlicher Vielfalt und im richtigen Mix aus Abwechslung und Kontinuität gestaltest. Dein Liebling will wie die Parkuhr immer wieder Zeichen von Achtung, Respekt und Liebe. Und natürlich schöne Überraschungen!

Gutes Flirten kann zu Partnerschaft, Liebe und Sex führen. Überleg vorher, was du willst. Entscheide dich. Denn sonst kann es sein, dass du jemandem wehtust.

95. Vorher entscheiden!

»Viele Beziehungen sehen aber ganz anders aus«, sagt Günter traurig. »Die Leute nerven und gähnen sich an!« Ja. Das ist leider so, weil manche Schweinehunde nicht wissen, wie man Beziehungen pflegt. Oder weil sie es gar nicht wollen. »Wie kann das sein?«, fragt Günter. Auch das ist ganz einfach. Viele wollen zwar am Anfang eine Beziehung haben, bald aber nicht mehr. Bevor du eine Beziehung beginnst, solltest du dir darum überlegen, ob du diese Beziehung mit diesem Partner wirklich willst. Vorher! Es geht um eine Entscheidung.

Dass es hier um eine Entscheidung mit einiger Tragweite geht, ist für dich deshalb besonders wichtig, weil du mit diesem Buch immer mehr und immer bessere Flirt-Erfolge hast, wenn du es aufmerksam gelesen hast und ein paarmal übst. Dieses Buch funktioniert. Es wird dir also bald sehr leicht fallen, andere in dich verliebt zu machen. Und wenn du im Leben einen bestimmten Weg beschreitest, wird er dich irgendwohin führen. Sinnvoll ist es, wenn du vorher weißt, ob du da hin willst.

Wende das Wissen aus diesem Buch also verantwortungsvoll an. Überleg vorher, was du willst. Und wenn du nur zum Spaß flirtest, aber eigentlich gar nichts willst, dann steig rechtzeitig aus, bevor du jemandem wehtust. So fair solltest du sein.

Zügle deine Erwartungen und erlaube deinem Partner, er selbst zu sein.

96. Keine Erwartungen!

Erinnerst du dich an den Tipp, keine Erwartungen an den ersten Abend bei dir zu Hause zu haben? »Klar«, sagt Günter. »Keine Kerzen, keine Erwartungen!« Genau. Das Gleiche gilt fürs Flirten und das, was daraus erwächst! Je weniger Erwartungen du hast, desto ehrlicher kann sich alles entwickeln. Und bevor du dich auf einen Partner einlässt – egal ob für eine Nacht oder fürs Leben –, solltest du deine Erwartungen an ihn ein wenig zurückschrauben. Vor allem: Versuche nicht, aus deinem neuen Partner einen ganz anderen Menschen zu machen! Schweinehunde verändern sich nur, wenn sie es selbst wollen. Es hat also keinen Sinn, sich jemanden zurechtzubiegen! Schließlich willst du das wahrscheinlich auch nicht.

Am schönsten ist es, wenn ihr euch gemeinsam verändert und aufeinander zugeht. Wenn eure Beziehung harmonisch und glücklich ist, wird das geschehen. Weil die Welt aber nicht aus Beton besteht, kann es auch sein, dass ihr euch wieder voneinander entfernt. »So kenn ich dich ja gar nicht!«, sagst du vielleicht irgendwann. Und da gibt es drei Möglichkeiten, wie du mit der Situation umgehen kannst.

Wenn sich die Beziehung zum Partner verändert, hast du drei Möglichkeiten: Du machst alles mit, du veränderst etwas – oder du steigst aus.

97. Günter am Scheideweg

»Welche?«, fragt Günter mit einer kleinen Träne im Auge. Tja. Wenn ihr euch auseinanderlebt, solltest du wissen, wie du dich am besten verhältst. Versuch nicht, den anderen mit Gewalt zu halten. Es funktioniert nicht – das weißt du vom letzten Trennungsdrama aus der Zeitung, bei dem die Polizei eingreifen musste. Statt ein Blutbad anzurichten, solltest du einen von drei Wegen wählen, die aus dem Amerikanischen kommen und »Love it«, »Change it« und »Leave it« heißen.

a. »Love it«: Liebe es! Du bist bereit, dich weiterhin auf den anderen einzustellen, und bleibst bei ihm.
b. »Change it«: Verändere es! Du überlegst, wie ihr eure Beziehung ändern solltet, um beieinander zu bleiben. Vielleicht unter anderen Umständen, zum Beispiel in getrennten Wohnungen? Das ist erst mal nur eine äußerliche Veränderung. Die Liebe existiert vielleicht auf andere Art weiter.
c. »Leave it«: Du erkennst, dass du auf diese Weise nicht mehr leben möchtest, und verabschiedest dich mit einer einfachen, klaren, kurzen Entscheidung.

Stirbt eine Liebe, dann lass erst mal Zeit vergehen, um zur Ruhe zu kommen. Sei geduldig.

98. Reflexion

»Und wenn's aus ist?«, fragt Günter heulend wie ein Schloss-Schweinehund. Dann solltest du dich auf dich selbst zurückbesinnen. Es geht jetzt um dich, um deine Gefühle – deine Verantwortung für den Partner ist vorbei. Günter sieht schon die ganzen Dramen aus dem Fernsehen vor sich. Kennst du auch die drei großen Lügen bei Trennungen? »Nein«, schnieft Günter. Na dann schau mal: »Wir bleiben Freunde«, »Das mit den Kindern wird schon irgendwie klappen« und »Ich will kein Geld«. Siehst du? Manchmal ist es sinnvoll, auch traurige Situationen mit Humor zu nehmen ... Und außerdem hat auch jede unangenehme Situation etwas Gutes. »Was soll denn daran gut sein?«, fragt Günter.

Na, schau mal: Du hast jemanden kennengelernt, ihr hattet ein Stück Weg im Leben gemeinsam. Und habt euch losgelassen, um wieder eure eigenen Wege zu gehen. Das sind jede Menge Erfahrungen! Und bevor du dich mit Heißhunger und diesem Buch unterm Arm in die nächste Bibliothek und ins nächste Abenteuer stürzt, solltest du alles sacken lassen. Komm zur Besinnung: Wer warst du vorher? Wer bist du jetzt? Wie geht es dir? Welche Bedürfnisse hast du? Schau nach vorn. Was willst du? Nimm dir Zeit. Atme durch und denke: »Die Welt gehört mir. Ich bin frei!« Erst wenn du zur Ruhe gekommen bist, solltest du etwas Neues anfangen.

Zum Leben gehören
Höhen und Tiefen.
Wenn du Enttäuschungen
und Trauer akzeptierst,
fällt es dir leichter,
stark zu sein und dich
auf Neues einzustellen.

99. Neues Spiel, neues Glück!

»Was für eine Achterbahn dieses Leben doch ist«, sagt Günter. Ja. Ist es nicht wunderschön? Genieß es, Günter! Zum Leben gehören Höhen und Tiefen. Auch wenn du mal traurig bist, gehört das zu deinen Empfindungen. Sie sind Reaktionen auf die Welt da draußen. Die klopft bei dir an und sagt: Du hast Gefühle! Du spürst die Welt! Merkst du, dass die Sonne scheint, auch wenn es regnet?

Wenn zwei Schweinehunde sich so nahe kommen, dass sie sich lieben und miteinander leben, dann ist das die schönste Sache der Welt. Doch nur Weniges auf der Welt währt ewig. Also ist jeder einzelne Tag einer Beziehung wie eine Art Gastspiel, eine wunderbare Chance, genau hier und jetzt für jemanden da zu sein! Wenn man das schafft, kann das Gastspiel sehr lange dauern. Wenn es aber vorbei ist, sollten die Schweinehunde einander auch loslassen – egal, was die Nachbarn oder Freunde sagen. Zeit für jemanden, der besser zu euch passt!

Bist du bereit für neues Glück? Du weißt jetzt, wie es geht. Sei ganz du selbst, unbeirrt von den Meinungen anderer und von dem, was sie vielleicht erwarten. Viel Spaß im Supermarkt, in der Bibliothek und im heißen Club in der Nacht!

Günter kann jetzt flirten
wie ein Weltmeister.
Alle Welt fliegt auf ihn!

100. Günter, der innere Schweinehund

Das ist Günter. Günter ist dein innerer Schweinehund. Er lebt in deinem Kopf und bewahrt dich vor allem Übel dieser Welt. Immer, wenn du etwas Neues ausprobieren willst oder dich mal anstrengen musst, ist Günter zur Stelle: »Du schaffst das schon!«, sagt er dann, »Viel Spaß damit«, oder: »Das wird wunderschön!« Mittlerweile hat er auch eine Riesenlust auf Flirt-Abenteuer. Er weiß nämlich, dass du keine Angst zu haben brauchst: Davor, jemanden anzusprechen. Davor, jemanden kennenzulernen. Davor, jemanden zu küssen.

Günter ist klar: Flirten ist nicht nur plumpes Gebagger und Gegrabe. Flirten ist die hohe Kunst der Kommunikation. Wer es lernt, erfährt dabei eine Menge über das Leben und über sich selbst. Günter weiß: Beim Flirten hat der die besten Chancen, der authentisch ist und dabei auf die Bedürfnisse des anderen eingeht. Er kennt jetzt den Weg, der zum Ziel führt, wenn man ihn geht. Und am Ende dieses Weges findest du genau das, was du willst.

Wetten, dass Günter bald nicht mehr alleine ist?

Buchtipps

Frädrich, Stefan: Günter, der innere Schweinehund. Ein tierisches Motivationsbuch. GABAL, Offenbach 2004

Gangkover, Waldemar: Hypnotische Manipulation. 10 Minuten und du kriegst jede(n) rum. Books on Demand GmbH, Frankfurt am Main 2001

Goleman, Daniel: Emotionale Intelligenz. DTV, München 1997

Gray, John: Männer sind anders. Frauen auch. Männer sind vom Mars. Frauen von der Venus. Mosaik bei Goldmann, München 1998

Green, Robert: Die 24 Gesetze der Verführung. Hanser, München/Wien 2002

Lazarus, Arnold: Fallstricke der Liebe. Vierundzwanzig Irrtümer über das Leben zu zweit. DTV, München, 2000

Lazarus, Arnold A. & Clifford, N.: Der kleine Taschentherapeut. In 60 Sekunden wieder o.k. Klett-Cotta, Stuttgart 2004

McKnight, Thomas W. & Phillips, Robert H.: Love Tactics. How to Win the One You Want. Square One Publishers, New York 2002

Metarn, Nick: Hasenjagd. Frauen manipulieren und verführen. Megaline-Agentur H Geirhos, Norderstedt 2002

Niven, David: Die 100 Geheimnisse glücklicher Beziehungen. Integral Verlag, München 2005

Portner, Jutta: 30 Minuten für perfekten Small Talk. GABAL, Offenbach 2000

Stein, Hannes: Endlich Nichtdenker. Handbuch für den überforderten Intellektuellen. Eichborn, Frankfurt am Main 2004

Strauss, Neil: The Game. Penetrating the secret society of pickup artists. Regan Books, New York 2005

Wiesner, Michael: Aggressiv flirten. Frauen ansprechen, begeistern und verführen. Kretschmann Mediamarketing, Herne 2004

Die Autoren

Thilo Baum ist Kommunikationswissenschaftler und Journalist (www.thilo-baum.de). Er studierte Theaterwissenschaft und Publizistik in Berlin mit den Schwerpunkten Wissenschaftsjournalismus und Dramaturgie. Nach dem Studium arbeitete er mehrere Jahre beim »Berliner Kurier« als Redakteur. Heute ist Thilo Baum selbstständiger Trainer und Seminaranbieter. An der Berliner Journalistenschule KLARA unterrichtet er Volontäre, Journalisten und PR-Leute in Themen wie »Texten und Redigieren«, »Ich will in die Presse!« oder »Dramaturgie im Text«. 2004 erschien dazu sein Buch »30 Minuten für gutes Schreiben« bei GABAL.

Darüber hinaus ist Thilo Baum gemeinsam mit seinem Partner Dr. Stefan Frädrich Entwickler des Seminars »Nichtraucher in fünf Stunden« (www.nichtraucher-in-5-stunden.de), das er selbst erfolgreich gibt und zu dem er Nachwuchstrainer ausbildet.

Thilo Baum lebt in Berlin.

Dr. med. Stefan Frädrich (www.stefan-fraedrich.de) ist Autor, Trainer, Redner und Coach. Er sitzt im Expertenrat der Mentor-Stiftung und ist gern gesehener Gast in den Medien – unter anderem als Gesundheitscoach im Fernsehen. Außerdem tritt Stefan Frädrich gelegentlich als Schauspieler und Moderator auf. Stefan Frädrich studierte Medizin, promovierte mit einer forensisch-psychiatrischen Arbeit und war Arzt in der Uni-Psychiatrie. Dann bildete er sich zum Betriebswirt (IHK) weiter und war in der Geschäftsführung eines mittelständischen Betriebes tätig. Seine Lieblingsthemen sind Kommunikation, Management, angewandte Psychologie und Motivation.

Das Didaktik-Konzept von »Günter, der innere Schweinehund« setzt Stefan Frädrich auch in seinen Seminaren um. Seine Firmen »Luftfabrik« (gemeinsam mit Thilo Baum) und »Pigdog« (www.nichtraucher-in-5-stunden.de) führen im gesamten deutschsprachigen Raum sehr erfolgreich Nichtraucherseminare durch. Und weil Günter ein so erfolgreicher Schweinehund ist, gibt es nun endlich auch eine eigene Günter-Kollektion (www.guenter-antwortet.de).

Stefan Frädrich lebt in Köln.

hat viele
Tattoos ;o)

Der Illustrator

Timo Wuerz ist freier Designer, Illustrator und Künstler (www.timowuerz.com).

Seinen ersten Clown malte er schon mit knapp zwei Jahren, und seit seiner ersten Ausstellung mit zarten 14 Jahren feiert er erstaunlich vielseitige Erfolge: über ein Dutzend Comics und Kinderbücher, weltweit Aufträge für Architektur, Briefmarken, CD-Cover, Corporate Design, Filme, Magazinillustrationen, Poster und Spielzeug sowie die Gestaltung von Themenparkattraktionen. Die Arbeiten von Timo Wuerz sind mittlerweile in mehreren Museen (u.a. San Francisco Museum of Modern Art) zu sehen. Und er macht noch immer alles, was für ihn neu ist und sein Interesse weckt.

Timo Wuerz lebt in Hamburg.

Der Plüsch-Günter zum Buch!
...und wo's den gibt, gibt's noch viel mehr Günter:
www.guenter-antwortet.de
Heute schon gewundert?
QUER DENKEN ERLAUBT
Heute schon ein Lächeln verschenkt?
Alles Gute zum Neuanfang!
START
Ich liebe Dich!

nterhaltsame Schweinehundzähmung

GABAL

Das Günter Prinzip
€ 19,90 (D/A)
ISBN 978-3-86936-169-7

Das Günter Prinzip DVD
€ 29,90 (D/A)
ISBN 978-3-86936-249-6

Günter Plüsch Beanie
empf. VK € 9,95 (D/A)
ISBN 978-3-89749-705-4

Je Band € 9,90 (D) / € 10,20 (A)

Mit tierisch guten Illustrationen von Timo Wuerz

Günter, der innere Schweinehund,
wird schlank
ISBN 978-3-89749-584-5

Günter, der innere Schweinehund,
wird Nichtraucher
ISBN 978-3-89749-625-5

Günter, der innere Schweinehund,
lernt flirten
ISBN 978-3-89749-665-1

Günter, der innere Schweinehund,
hat Erfolg
ISBN 978-3-89749-731-3

Günter, der innere Schweinehund,
wird Kommunikationsprofi
ISBN 978-3-86936-127-7

Günter, der innere Schweinehund,
lernt verhandeln
ISBN 978-3-89749-918-8

Weitere Informationen finden Sie unter www.gabal-verlag.de